Hartmut Schmid · Der Heilige Geist

Hartmut Schmid

DER HEILIGE GEIST
Sein Wesen und seine Wirkungen

SCM
Stiftung Christliche Medien

SCM R.Brockhaus ist ein Imprint der SCM Verlagsgruppe, die zur Stiftung Christliche Medien gehört, einer gemeinnützigen Stiftung, die sich für die Förderung und Verbreitung christlicher Bücher, Zeitschriften, Filme und Musik einsetzt.

2. Auflage 2019

© 2019 SCM R.Brockhaus in der SCM Verlagsgruppe GmbH
Max-Eyth-Straße 41 · 71088 Holzgerlingen
Internet: www.scm-brockhaus.de; E-Mail: info@scm-brockhaus.de

Die Bibelverse wurden folgender Ausgabe entnommen:
Lutherbibel, revidierter Text 1984, durchgesehene Ausgabe in neuer Rechtschreibung, © 1999 Deutsche Bibelgesellschaft, Stuttgart.

Umschlaggestaltung: Anna Koslowski, Bundes-Verlag Witten
Titelbild: unsplash.com/Andreas Kind
Satz: Christoph Möller, Hattingen
Druck und Verarbeitung: booksfactory.de,
ein Service der Print Group Sp. z o.o., Szczecin
Gedruckt in Polen
ISBN 978-3-417-25390-0
Bestell-Nr 225.390.

Inhalt

Einleitung 7

Geist Gottes und Heiliger Geist 11
  Der Geist Gottes im Alten Testament 12
  Der Heilige Geist im Neuen Testament 21
  Wirkungen des Heiligen Geistes 33

Charismen und Geistesgaben 41
  Charisma und Charismenlisten 42
  Die Charismen in 1. Korinther 12–14 53
  Die Charismen in Römer 12 65
  Das Charisma der Prophetie 73
  Das Charisma der Glossolalie 102
  Das Charisma der Heilung 117

Literatur 125

Einleitung

Dieses Buch entstand aus Vorträgen, die bei einer Leiterschulung des Liebenzeller Gemeinschaftsverbandes (LGV) vom 10.-14. Juli 2015 in Oberstdorf im Haus Bergfrieden gehalten wurden.

Das Thema »Heiliger Geist« ist dran. Dies zeigte das große Interesse an dieser Leiterschulung im LGV. Außerdem wurde ich in den letzten Jahren häufig zu Vorträgen zu dieser biblischen Thematik angefragt. Der Umgang mit charismatischer Theologie und Frömmigkeit ist nach wie vor eine Herausforderung für viele unserer Gemeinschaften und Gemeinden. Dabei ist zu beobachten, dass die Situationen vor Ort sehr unterschiedlich sind. Etliche Gemeinschaften und Gemeinden sind von dieser Thematik nicht oder kaum berührt. Bei anderen bringen einzelne Mitglieder und Besucher entsprechende Themen ins Gespräch. Bei wieder anderen wirft der Kontakt zu anderen Gemeinden Fragen auf. Manche Gemeinschaften und Gemeinden sind jedoch existenziell herausgefordert bis hin zur Erfahrung, dass Einzelne oder Gruppen die Gemeinschaft verlassen und sich anderen stärker charismatisch orientierten Gemeinden zuwenden.

Angesichts dieser Herausforderungen gibt es im LGV Stimmen, die fragen: Was geht an charismatischer Theologie und Frömmigkeit und was geht nicht? Ich nehme (nicht nur bei diesem Thema) eine Sehnsucht nach ganz klaren Regeln wahr, nach Verbindlichkeiten für alle Gemeinschaften an allen Orten.

Allerdings möchte ich vor einer solchen allgemein verbindlichen Festlegung warnen und mich nicht darauf einlassen.

Meine Erkenntnis und daraus resultierende Begründung ist folgende: Es gibt ein Spektrum von möglichen Frömmigkeitsformen. Keine Gemeinde und erst recht kein einzelner Christ wird dieses Spektrum komplett ausfüllen können. Jede Gemeinde hat ihre Prägung. Würde man nun eine Norm vorgeben, die unbedingt zu erfüllen ist, käme es zu ungesunden und zwanghaften

Veränderungsprozessen. Natürlich soll eine Gemeinde wachsen und reifen – aber in gesunder Weise.

Auf der einen Seite gibt es also ein Spektrum an möglichen Frömmigkeitsformen. Auf der anderen Seite gibt es aber auch Grenzen. Das Neue Testament zeigt ein Ringen um diese Grenzen: Was ist in den Gemeinden als Abbildung des Spektrums möglich und wo sind die Grenzen überschritten? In der Beurteilung gibt es eine doppelte Gefahr: die Gefahr einer zu großen Enge und die einer zu großen Weite. Die Gefahr der zu großen Enge besteht darin, dass sich Einzelne mit ihrer Frömmigkeit zum Maßstab erheben für das, was möglich oder nicht möglich ist. Oft ist dann die mögliche Frömmigkeit deckungsgleich mit der Frömmigkeit des Einzelnen. Die Gefahr der zu großen Weite ist dann gegeben, wenn die Grenzen nicht mehr klar sind bzw. wenn man auf Grenzen ganz verzichtet. Die hohe geistliche Kunst, die viel Weisheit erfordert, ist die biblisch angemessene Form von Weite und Grenze.

Für die Weite spricht für mich die Tatsache, dass die Gemeinden, an die Paulus seine Briefe schrieb, sehr unterschiedlich waren. Im Blick auf unsere Thematik zeigt sich dies exemplarisch an der unterschiedlichen Ausführung des Gabenthemas im Römer- und im 1. Korintherbrief.

Ich habe bewusst das Thema sehr grundsätzlich und weit gespannt. Ich möchte nicht nur auf einzelne Charismen eingehen. Dies birgt die Gefahr, dass man zu schnell bei der Frage steht: Was geht und was geht nicht, wo sind Möglichkeiten und wo sind Grenzen? Erst recht möchte ich mich nicht auf 1 Kor 12–14 beschränken. Ich meine, dass durch eine sehr starke Konzentration in den letzten Jahrzehnten vor allem auf 1 Kor 12 eine Engführung entstanden ist und dass manche Themen einseitig überhöht, andere dagegen ausgeblendet wurden. Ich halte bei dieser Thematik eine Besinnung auf den gesamtbiblischen Befund für dringend geboten.

Zum Aufbau dieses Buches:
In Kapitel 1 und 2 geht es um die »Person des Heiligen Geistes«. Zunächst greife ich die Frage nach dem Geist Gottes im Alten Testament und dessen Beziehung zum Heiligen Geist auf, dann die Frage nach dem Heiligen Geist als Person der Dreieinigkeit.

Im dritten Kapitel geht es um die verschiedenen Wirkungen des Heiligen Geistes. Bewusst ist der Plural »Wirkungen« gewählt. Die Charismen stellen eine Wirkung des Geistes neben anderen dar. Eine einseitige Konzentration auf die Charismen kann den Blick auf die anderen Wirkungen verstellen.

Das vierte Kapitel behandelt das Begriffsfeld »Charisma« und den Vergleich der verschiedenen Charismenlisten im Neuen Testament.

Im fünften und sechsten Kapitel werden 1 Kor 12–14 und Röm 12 ausführlicher besprochen.

Die Kapitel 7 bis 9 greifen einzelne Charismen auf: Prophetie, Glossolalie und Heilung.

Mein Schwerpunkt ist ein möglichst genaues Hören auf die Texte der Bibel. Erst wenn wir in umfassender Weise gehört haben, können wir fragen und diskutieren, was die biblische Erkenntnis für heute bedeutet.

Wenn wir die Bibel lesen, dann sind wir in unserem Verständnis immer geleitet von dem, was wir an bisherigem Verständnis mitbringen. Wenn ich z.B. das Wort »weissagen« bzw. »prophezeien« lese, was assoziiere ich damit, was verstehe ich darunter? Ich bin überzeugt, dass wir eine große Bandbreite an Vorverständnissen mit uns tragen. Stimmt mein Verständnis mit dem überein, was der Text meint? Oder lässt der Text eine Bedeutungsbreite an Verständnissen zu, die alle gleich richtig sind?

Eine entscheidende Frage ist beim Studieren der Bibel, ob ich bereit bin, mein bisheriges Verständnis zu verändern, zu vertiefen, zu verbreitern, gegebenenfalls sogar grundsätzlich zu revidieren.

Eine Erkenntnis, die ich in den letzten Jahren beim Lesen der Bibel gewonnen habe, möchte ich an dieser Stelle ausführen. Es geht darum, wie Themen in der Bibel dargestellt werden. Ich nenne die am häufigsten vorkommende Darstellungsweise »perspektivische Darstellung«. Was meine ich damit?

Die Bibel ist in der Gesamtdarstellung sehr stark geschichtlich orientiert, man könnte auch sagen: situationsorientiert. Die andere Möglichkeit der Darstellung wäre eine systematisch-themenorientierte. In einer systematischen Darstellung versucht man, eine Thematik möglichst umfassend darzustellen. Eine geschichtlich orientierte Darstellung dagegen zeigt an einem Punkt der Geschichte nie das Ganze, sondern jeweils nur einen Aspekt. Deshalb tauchen in der biblischen Darstellung dieselben Themen an verschiedenen Stellen unter verschiedenen Aspekten auf. Zuweilen kann dies sogar als Widerspruch empfunden werden. Eine systematische Bündelung gibt es bei den allermeisten Themen in der Bibel nicht. In der Übertragung und Anwendung der unterschiedlichen Perspektiven kann je nach Ort, Zeit und Situation die eine oder andere Perspektive wichtiger sein. Schwierig wird es, wenn in der Übertragung nur eine Perspektive dominiert. Das grundsätzliche Ausblenden einer Perspektive führt zu Einseitigkeiten, die im Extremfall zur Irrlehre entarten können.

An einem Beispiel soll dies verdeutlicht werden. In Röm 12 und 1Kor 12 finden sich vom selben Verfasser Paulus sehr unterschiedliche Gabenlisten. Sie stehen ohne Versuch einer systematischen Harmonisierung nebeneinander im Neuen Testament. Ist die eine Liste erstrebenswerter als die andere? Entspricht die Summe aus beiden Listen einem umfassenden Gabenverständnis? Oder wird es in der weiteren Geschichte der Gemeinde je nach Ort, Zeit und Situation ganz unterschiedliche Konstellationen geben, die mehr der einen oder der anderen biblischen Perspektive entsprechen?

Geist Gottes und Heiliger Geist

Kapitel 1:

Der Geist Gottes im Alten Testament

Wenn wir uns mit der Person des Heiligen Geistes beschäftigen, fragen wir zunächst nach dem Vorkommen und nach der Bedeutung von Gottes Geist bzw. dem Heiligen Geist im Alten Testament.

1. Statistik und profane Bedeutung

a. Statistik

Das Wort »Geist« (hebräisch *ruach*) kommt im Alten Testament 389-mal vor, dabei ist die Verteilung auf die einzelnen biblischen Bücher sehr unterschiedlich.[1]

Die Wortverbindung »Geist Jahwes« kommt 27-mal vor, »Geist Gottes« 21-mal, »Geist« mit auf Jahwe bezogenem Suffix 20-mal.

Dies deutet darauf hin, dass die Bedeutung und Verwendung von »Geist« ein breites Spektrum abdecken und die theologische Bedeutung im Sinne von »Geist Gottes« nur einen von mehreren Aspekten darstellt.

---

1 Vgl. Albertz/Westermann, S. 727f.

b. Profane und anthropologische Bedeutung

Profan bedeutet Geist Wind oder Atem. Der Geist ist eine Kraft bzw. eine Bewegung, die wirkt und in Bewegung setzt. Der Geist selbst ist in diesem Bedeutungszusammenhang immer unsichtbar. Aber seine Wirkung wird sichtbar.

Gott ist in dieser profanen Bedeutung der Schöpfer des Geistes. Er hat Macht über ihn und bedient sich seiner.

In anthropologischer Dimension[2] ist der Geist des Menschen sein Atem, seine Lebenskraft. Er macht wie der Odem (hebräisch *neschamah*) den Menschen zu einem lebendigen Wesen. Hier besteht eine deutliche Nähe zur »Seele«. Auch der menschliche Geist ist eine Schöpfergabe Gottes.

In Anlehnung an die bewegend kraftvolle Dimension des Windes meint Geist das »Willens- und Aktionszentrum des Menschen«[3], das »Organ des Erkennens, Verstehens und Urteilens«[4]. In der poetischen Sprache kann »Geist« zum Synonym für »ich« werden.

2. Theologische Bedeutung

Der Begriff Geist im Sinne von Gottes Geist tritt im Alten Testament mit zwei Schwerpunkten vor allem in der Frühzeit Israels auf: beim charismatischen Führertum und bei ekstatischen Phänomenen der Prophetie.

---

2   Vgl. Wolff, S. 57-67.
3   Albertz/Westermann, S. 741.
4   Wolff, S. 63.

a. Charismatisches Führertum

Dies gilt zunächst vor allem für die Richterzeit. Auf die Richter kam der »Geist Jahwes« und befähigte sie zu ihren Taten.[5] Bei einigen Richtern wird eine direkte Berufung durch Gott berichtet.

Auch bei den ersten Königen Saul und David (1Sam 10,6; 16,13) wird die Geistbegabung betont. Der Geist Gottes befähigt sie zur politischen Leitung von Gottes Volk.

Entsprechend wird Jahwes Geist auch in einer messianischen Verheißung stark betont (Jes 11,1-5). In dieser Linie liegt die Geistbegabung von Jesus bei seiner Taufe (Mt 3,16). Sie erfolgt mit dem Beginn der öffentlichen Wirksamkeit. Der Geist Gottes befähigt ihn in Analogie zu den Richtern und Königen im Alten Testament zu seinem öffentlichen Wirken.

b. Ekstatische Phänomene der Prophetie

Einige Stellen deuten darauf hin, dass es bei den Propheten auch ekstatische Phänomene gab. Im Kontext dieser Stellen begegnet ein ähnliches Begriffsfeld: »Geist«, »in Verzückung sein«[6], »Propheten« (Plural). Beim dem hier mit »in Verzückung sein« übersetzten hebräischen Wort (*hitnabe'*) liegt der Schwerpunkt in diesen Zusammenhängen sehr wahrscheinlich nicht auf dem Inhalt prophetischer Verkündigung[7], sondern bringt eine Form von Begeisterung, Verzückung, Ekstase zum Ausdruck.

In 4Mo 11,24-30 und 1Sam 10,3-12 sind zwei Berichte überliefert, in denen ein solches Geschehen erzählt wird. Es fällt auf, dass die Form der Begeisterung nicht genauer beschrieben wird. Auch wird sie an diesen Stellen nicht negativ bewertet.

Allerdings sollte der Kontext berücksichtigt werden. Bei beiden Texten ist eine Notsituation vorausgesetzt: In 4Mo 11 ist es

---

5   Vgl. Ri 3,10; 6,34; 11,29; 13,26; 14,6.19; 15,14.
6   Eine Verbform zum Nomen *nabi'* = Prophet.
7   In späterer Zeit wird die prophetische Verkündigung in der Regel mit einer anderen Verbform derselben Wortwurzel *naba'* ausgedrückt.

das murrende Volk, das Mose Beschwerden bereitet; in 1Sam 10 sind es die schwierigen Bedingungen zu Beginn von Sauls Königtum. In beiden Berichten dürfte der Grund für das Geschehen folgender sein: Gott wirkt in einer Notsituation durch seinen Geist eine Form von Begeisterung/Verzückung, die in dieser schwierigen Situation eine große Ermutigung darstellt.

Nun sind allerdings einige weitere Beobachtungen zur richtigen und umfassenden Einordnung dieses Phänomens wichtig.

Nachdem der Geist Jahwes von Saul gewichen war (1Sam 16,14), gerät Saul wieder unter die Propheten und gerät wieder in Verzückung (1Sam 19,20-24). Dann wird jedoch geschildert, dass er einen Tag und eine Nacht lang nackt dalag. Dieser Vorgang lässt sich nicht positiv interpretieren. Saul verliert die Beherrschung. Nach 1Kor 14,32 sind aber die Geister der Propheten den Propheten untertan. Eine weitere Stelle im Hinblick auf Saul findet sich in 1Sam 18,10: Saul gerät in Raserei und wirft den Speer auf David. Im Hebräischen steht für »Raserei« dasselbe Wort (*hitnabe'*), das an anderer Stelle mit »in Verzückung sein« übersetzt wird.

Eine weitere Stelle ist zu vermerken. In 1Kön 18,29 wird geschildert, wie die Baals-Propheten auf dem Karmel ebenso in Verzückung geraten (*hitnabe'*).

Was folgt daraus? Das Phänomen der Verzückung/Ekstase ist ambivalent. Allein aus dem Phänomen lässt sich nicht darauf schließen, welcher Geist dieses Phänomen hervorbringt. Es kann Gottes Geist sein, aber es kann genauso ein böser Geist oder einfach eine Ausdrucksform der menschlichen Seele sein. Wer letztlich dahintersteht, zeigt sich am Inhalt, der sich mit dem Phänomen verbindet, am Gegenüber der Gottheit (z.B. Jahwe oder Baal) und an Ziel und Zweck des ganzen Geschehens.

Eine weitere Beobachtung ist in Bezug auf die Thematik aufschlussreich. Saul trifft eine Gruppe Propheten, die in Verzückung ist. Jahwes Geist kommt über ihn und er gerät auch in Verzückung. Wenn dies geschieht – so Samuels Wort zu Saul –, soll Saul tun, was ihm vor die Hände kommt, weil Gott mit ihm ist (1Sam 10,5-7). Die Begegnung mit den Propheten, prophetische

Verzückung und Geistbegabung verbinden sich als Ermutigung und Befähigung zur Ausführung des Königtums. Es besteht bei Saul gleichsam eine Verbindung von charismatischem Führertum und ekstatischem Prophetentum. Interessanterweise gibt es diese Verbindung bei David nicht. Bei Davids Geistbegabung für sein Königsamt gibt es keinerlei Anklänge an ekstatische Phänomene. Es gibt zwar die Verbindung zu Samuel, der ihn gesalbt hat, aber keine Verbindung zu Prophetengruppen mit entsprechenden ekstatischen Erlebnissen.

Und noch eine Beobachtung ist nicht unwichtig. Mindestens im Alten Testament kann Jahwe seinen Geist wieder wegnehmen. So ist es bei Saul geschehen (1Sam 16,14). Der Grund dafür ist Ungehorsam, der keine aufrichtige Buße zur Folge hat. Die anschließende Entwicklung im Leben Sauls ist dramatisch.

Was sind die Konsequenzen aus diesen Beobachtungen?

1. Die Geistbegabung zeigt sich nicht mit einem einheitlichen Phänomen in der äußeren Erscheinung. Der Geist bedient sich der Begeisterung ebenso wie der Nüchternheit.

2. Dies dürfte auch damit zusammenhängen, dass jeder Mensch eine einzigartige Persönlichkeit besitzt. Diese wird von Gott nicht gleichgeschaltet, sondern mit ihren Gaben und Schwächen eingesetzt. Saul war in seiner Persönlichkeit grundsätzlich zugänglich für die Begeisterung im Positiven und im Negativen.

3. Jede Gabe stellt eine Aufgabe dar. Die Gabe muss geistlich gepflegt werden, sonst verkommt sie.

Abschließend soll eine heilsgeschichtliche Einordnung erfolgen. Das charismatische Führertum und die ekstatischen Propheten werden vor allem in der Frühzeit der Geschichte Israels erwähnt (Mosezeit, Richterzeit und Anfang des Königtums). Danach treten diese Formen in den biblischen Berichten deutlich zurück. Die Richterzeit wird abgelöst von der Königszeit, die ekstatischen Phänomene bei den Propheten nehmen deutlich ab. Bei einer Gesamtbewertung der frühen Geschichte Israels im Alten Testament wird deutlich, dass die Richterzeit nicht die bessere und erfolgreichere Epoche war. Sie ist keine Idealzeit, sondern endet in anarchischen Zuständen (vgl. Ri 17–21). Das Phänomen der ekstatischen Prophetie ist insgesamt im Alten Testament eine Randerscheinung. Die auf die Richterzeit folgende Königszeit ist gegenüber der Richterzeit stärker dynastisch und durch feste Ordnungen geprägt. Auch diese Epoche ist keine Idealzeit. Sie endet mit dem politischen Niedergang der Staaten Israel und Juda.

Der »Geist« steht in dieser frühen Epoche für das den Menschen spontan und überraschend ereilende ekstatische Wirken Gottes. Die Geschichte zeigt, dass dies nicht das einzige und nicht das bessere Wirken von Gottes Geist ist. Gott handelt in der Geschichte durch seinen Geist auf verschiedene Weise.

c. »Geist« bei den Propheten

Eine wichtige Beobachtung im Blick auf das Vorkommen von »Geist« in der Verwendung des Begriffs bei den Propheten der Königszeit und bei den Schriftpropheten ist folgende: Die Verwendung des Begriffs »Geist« im Zusammenhang mit dem Wirken der Propheten geht mit wenigen Ausnahmen stark zurück.

Der prägende Begriff für das Wirken der Propheten wird das »Wort«.

Was ist der Grund dafür?

1. Das direkt von Gott empfangene Wort ist die eindeutigste Form der Inspiration (vgl. Jer 23,28 und schon bei Mose in 4Mo 12,6-8).

2. Die Offenbarung wird auf eine Art empfangen, die auch dem Auftrag entspricht. Die Propheten haben Gottes Wort weiterzugeben, deshalb empfangen sie auch die Offenbarung als Wort.

3. Träume und Visionen kommen ebenfalls vor, aber doch deutlich zurückhaltender. Und in der Regel sind Träume und Visionen nicht ohne deutendes Wort zu verstehen (z.B. Jer 1,11-16).

4. Es ist nicht auszuschließen, dass sich in der Konzentration auf das »Wort« auch eine Ablehnung und Kritik an einer inner-

und außerisraelitischen Geistbetonung spiegelt, die auf enthusiastische Phänomene setzt, sich jedoch individualisiert und die wahre Offenbarungsquelle verloren hat.

5. Letztlich darf nicht vergessen werden, dass Gott der souveräne Herr seiner Offenbarung ist. Er bestimmt über den Weg und das Mittel der Offenbarung.

d. Zusammenfassung

1. Gottes Geist ist die unsichtbare, aber wirksame Kraft Gottes, mit der er in seiner Schöpfung wirkt. Der Geist Gottes ist unsichtbar wie Gott selbst. Sichtbar werden seine Wirkungen.

2. Es gab im Alten Testament verschiedene Formen von Gottes Wirken und Leiten.

3. Die Frühzeit Israels (Richter und ekstatisches Prophetentum) mit ihrer direkten und spontanen Geistesleitung ist nicht die bessere Zeit. Sowohl die Richterzeit als auch die Königszeit führen in den Niedergang.

4. Saul und David haben die Geistbegabung für das Königtum in unterschiedlichen Formen erfahren. Auch die Persönlichkeit spielt im Hinblick auf die Form des Erlebens eine Rolle.

5. Die Propheten der Königszeit beziehen sich überwiegend auf das »Wort Jahwes«.

6. Nicht die Terminologie ist das Entscheidende, sondern der Inhalt. Natürlich hatten die Propheten den »Geist Gottes«. Aber der Begriff selbst ist bei ihnen selten.

7. Beide Offenbarungskonzepte (»Geist« und »Wort«) schaffen keine absolute Klarheit. Die Frage nach Quelle und Inhalt war in beiden Konzepten umstritten. Es gab Charismatik mit dem Geist Jahwes und mit dem »bösen Geist« und es gab mit dem »Wort« wahre und falsche Prophetie. Die entscheidende Frage ist, wer hinter dem Wirken steht.

3. Der Heilige Geist im Alten Testament

Die Wendung »Heiliger Geist« kommt im Alten Testament ganz selten vor, nach der Lutherübersetzung nur in Jes 63,10-11 und Ps 51,13. Präziser übersetzt lauten die Wendungen: »Geist seiner Heiligkeit« bzw. »Geist deiner Heiligkeit«. Gott ist heilig, deshalb ist auch sein Geist heilig. Damit unterscheidet er sich von allen anderen Geistern.

Die Frage ist, ob der »Geist der Heiligkeit« bzw. ganz grundsätzlich der »Geist Gottes« mit dem Heiligen Geist, wie er im Neuen Testament begegnet, identisch ist.
Wichtig für das Verstehen ist die Unterscheidung von Wirklichkeit und Offenbarung.
Die Ebene der Wirklichkeit: Es gab selbstverständlich schon damals die Dreieinigkeit. Sie ist von Anfang an, sie ist ewig. Sie ist damit eine Wirklichkeit durch die ganze Zeit des Alten Testaments.
Die andere Ebene ist die Offenbarung. Die Dreieinigkeit ist im Alten Testament nicht eindeutig offenbart. Im Rückblick vom Neuen Testament her gibt es Stellen im Alten Testament, die man im Sinne der Dreieinigkeit deuten kann. Aber vom Alten Testament her haben sie diese Eindeutigkeit nicht.

Im Alten Testament ist der »Geist der Heiligkeit« zunächst der »Geist Gottes« im Sinne von Gottes unsichtbarer, aber wirksamer Macht. Im Alten Testament sind Gott und sein Geist noch nicht im Sinne der Dreieinigkeit differenziert.

Das Neue Testament setzt nicht einfach Gottes Geist im Alten Testament mit dem Heiligen Geist gleich. Gottes Wirken im Alten Testament wird zwar teilweise mit dem Heiligen Geist identifiziert (z.B. 2. Petr 1,21), aber nicht grundsätzlich.
Ein entscheidender Grund für die Differenzierung besteht darin, dass der Heilige Geist im Neuen Testament ganz eng mit der Person und dem Wirken von Jesus Christus verbunden ist. Heils-

geschichtlich gibt es mit dem Kommen Jesu eine deutliche Zäsur im Handeln und Wirken Gottes. Wenn der Heilige Geist eng mit Jesus zu verbinden ist, dann kann man aufgrund dieser Zäsur nicht einfach alle Wirkungen Gottes für die Zeit des Alten Testaments unter den Heiligen Geist subsumieren. Ein heilsgeschichtliches Denken schließt eine undifferenzierte Identifikation aus.

Auf der Ebene des Erkennens und Verstehens bleibt ein Graubereich, den die Offenbarung nicht gänzlich erhellt. Der Heilige Geist ist schon im Alten Testament eine Wirklichkeit. Aber eine einfache Identifikation von Geist Gottes und Heiligem Geist ist nicht möglich. Erneut zeigt sich, dass die Darstellung in der Bibel stark geschichtlich bzw. heilsgeschichtlich geprägt ist.

4. Zusammenfassung

Der Geist Gottes ist Gottes wirksame und unsichtbare Macht, mit der er in dieser Welt handelt.

Terminologisch kann »Geist« für bestimmte Weisen von Gottes Wirken verwendet werden. Das heißt nicht, dass Gott nicht in gleicher Weise am Wirken ist, wo andere Begriffe verwendet werden (z.B. »Wort« bei den Propheten).

Der Heilige Geist ist schon im Alten Testament eine Wirklichkeit, aber die Offenbarung lässt eine einfache Identifikation zwischen Geist Gottes und Heiligem Geist im Sinne der Trinität nicht zu.

Kapitel 2:

Der Heilige Geist im Neuen Testament

Bevor wir uns zentralen neutestamentlichen Stellen über den Heiligen Geist zuwenden, möchte ich auf die grundsätzliche Frage nach der Dreieinigkeit eingehen. Bei nicht wenigen Christen gibt es eine große Unsicherheit bei diesem Thema. Im Anschluss daran konzentrieren wir uns auf die Aussagen von Jesus über den »Tröster«.

1. Die Dreieinigkeit

Das Bekenntnis zum dreieinigen Gott ist *das* grundlegende Bekenntnis der Kirche. Wir können die Dreieinigkeit nicht ergründen und verstehen, aber wir können erkennen, warum dieses Bekenntnis aufgrund der Heiligen Schrift geradezu notwendig ist. Wenn man das ganze Zeugnis des Neuen Testaments ernst nimmt und berücksichtigt, ist kein anderes Ergebnis möglich.

a. Jesus in der Dreieinigkeit

Die Schlüsselfrage zu diesem Thema lautet: Wer ist Jesus Christus in seinem ursprünglichen Wesen – Gott oder Geschöpf?
Die Fragestellung ist sehr einfach. Es geht hier nicht in erster Linie um ein logisches Verstehen der Dreieinigkeit[8], wie es denn überhaupt denkbar ist, dass drei eins sind. Es geht auch nicht zuerst um die Frage des Verhältnisses der Personen innerhalb der

---

8   Hier liegt die Grenze aller Vergleiche und Bilder zur Veranschaulichung der Dreieinigkeit.

Dreieinigkeit (interne Trinität). Die Frage nach der Dreieinigkeit ist in ihrem Kern eine Frage nach Jesus Christus und wer er denn in Wahrheit ist.

Die Bedeutung dieser Schlüsselfrage zeigt sich auch an der historischen Entwicklung in den ersten Jahrhunderten der Kirche hin zum ausformulierten Bekenntnis. Die Frage nach dem Gott der Bibel und nach der Dreieinigkeit entzündete sich mit dem Kommen von Jesus. Die Frage nach dem Heiligen Geist spielte zunächst eine untergeordnete Rolle. Sie entwickelte sich zwangsläufig aus der Bekenntnisentscheidung im Blick auf Jesus.

Die Schlüsselfrage lautet also: Wer ist Jesus? Ein guter Mensch oder ein menschgewordener Gott? Jesus begegnete den Menschen in menschlicher Gestalt – aber reicht Jesu Menschsein für das Verstehen von Jesus aus?

Wenden wir uns dem Zeugnis des Neuen Testaments zu.

1. Hinweise auf die Dreieinigkeit

Der Begriff »Dreieinigkeit« findet sich nicht im Neuen Testament, auch keine systematisch zusammenfassende ausgeführte Lehre. Aber es finden sich im Neuen Testament eine Reihe sogenannter triadischer Formeln. Es dürfte kein Zufall sein, dass in ihnen ausgerechnet Vater (oder Gott), Sohn und Heiliger Geist zusammen genannt sind.[9]

2. Hinweise auf die Gottheit von Jesus

Kann Jesus Gott sein? Widerspricht dies nicht dem monotheistischen Gottesverständnis im Alten Testament, wie es z.B. in 5Mo 6,4 zum Ausdruck kommt?

Die Aussagen des Neuen Testaments sind jedoch eindeutig.[10] Das Selbstzeugnis von Jesus in Joh 10,30 weist deutlich in diese Richtung, ebenso die »Ich bin«-Worte, mit denen Jesus göttliche

---

9 Vgl. Mt 28,19; 1Kor 12,4-6; 2Kor 13,13; Eph 4,4-6; Joh 14,23-26.
10 Vgl. Joh 1,1-4.14.17; Phil 2,5-11; Hebr 1; Mt 22,41-46; 1Joh 5,20; Offb 1,17-18.

Wirkungen und Eigenschaften beansprucht: Leben, Auferstehung, Hirte, Licht, Weg, Wahrheit ...

Von diesen Stellen her ist eindeutig klar: Jesus ist in seinem ursprünglichen Wesen Gott.

b. Der Heilige Geist in der Dreieinigkeit

In der Bekenntnisbildung hinkte die Beschäftigung mit dem Heiligen Geist hinterher, weil es zuerst und zentral um Jesus ging.

Welche neutestamentlichen Hinweise lassen sich für die Gottheit des Heiligen Geistes benennen? Hier sind neben den triadischen Formeln (s.o.) vor allem die Worte Jesu über die Sendung des Parakleten (Tröster, Beistand) zu nennen. In Joh 14,16 spricht Jesus von einem »anderen Parakleten« und stellt damit den Heiligen Geist in Parallele zu sich selbst. In Röm 8,9 spricht Paulus in einem Satz vom »Geist«, vom »Geist Gottes« und vom »Geist Christi«.

Die Entscheidung für die Gottheit und die Personhaftigkeit des Heiligen Geistes ist nach der Entscheidung im Blick auf Jesus nur konsequent.

2. Konsequenzen aus dem Bekenntnis zur Dreieinigkeit

a. Die Unterscheidung von interner und externer Dreieinigkeit

In der Lehre von der Dreieinigkeit unterscheidet man zwischen interner und externer Dreieinigkeit. Bei der externen Dreieinigkeit geht es um das Wirken der Dreieinigkeit nach außen, bei der internen um das Verhältnis der drei Personen der Gottheit zueinander.

1. Extern: Für das Wirken der Dreieinigkeit nach außen ist die Einheit im Wirken ganz entscheidend. Ein altkirchlicher Lehr-

satz lautet: »Die Werke der Dreieinigkeit nach außen sind nicht teilbar.«[11] Das bedeutet: Die Dreieinigkeit wirkt als Einheit. Das macht ihr Wesen aus. Deutlich wird dies z.B. am Schöpfungswirken, an der Erlösung oder an den Gaben für die Gemeinde. Deutlich wird es auch daran, dass Aussagen über die einzelnen Personen austauschbar sind. Jesus ist bei uns und der Heilige Geist ist bei uns und der Vater ist bei uns. Und nicht zuletzt wird es deutlich daran, dass man in ihrem Wirken die Personen der Dreieinigkeit nicht voneinander isolieren kann. Deshalb ist das Christentum mit der Dreieinigkeit keine polytheistische Religion. Denn bei diesen sind die Götter oft isoliert voneinander und kämpfen teilweise sogar gegeneinander. Durch die Einheit der Dreieinigkeit ist der christliche Glaube den monotheistischen Religionen zuzuordnen, allerdings mit einer deutlichen und einmaligen Besonderheit.

Es können sich Frömmigkeitsformen und Kirchen mit unterschiedlichen Betonungen der einzelnen Personen herausbilden. Dies ist nicht grundsätzlich bedenklich, solange nicht zentrale Aspekte des Glaubens zu kurz kommen und es zu ganz einseitigen Betonungen einer einzelnen Person der Dreieinigkeit kommt.

Die Dreieinigkeit wirkt nach außen einig. Aber es gibt Unterschiede im Hinblick auf die einzelnen Personen. Der Sohn wird Mensch und nicht der Vater. Der Sohn stirbt am Kreuz und nicht der Vater und nicht der Heilige Geist. Die Einigkeit im Blick auf die Erlösung zeigt sich folgendermaßen: Der Vater will den Sühnetod des Sohnes, der Sohn stirbt diesen Tod und der Heilige Geist wirkt den Glauben daran.

2. Intern: Die Einheit im Wirken nach außen in der personalen Verschiedenheit führt zur Frage nach dem Verhältnis der Dreieinigkeit im Innern. Hier ist die Verschiedenheit kennzeichnend. Der Vater ist der Vater, der Sohn ist der Sohn und der Heilige Geist ist der Heilige Geist. Diese Wesensbeschreibung ist nicht austauschbar. Deshalb lautet der entsprechende altkirchliche

---

11 Opera trinitatis ad extra indivisa sunt.

Lehrsatz: »Die Werke der Dreieinigkeit nach innen sind teilbar.«[12] Man muss ehrlicherweise eingestehen, dass die interne Dreieinigkeit weithin ein Geheimnis ist und wir vieles nicht oder nur spekulativ sagen können.

b. Die Bedeutung von Jesus

Jesus ist der Schlüssel für die Erkenntnis der Dreieinigkeit. Damit ist Jesus der Schlüssel für den Zugang zum Vater und zum Heiligen Geist. Erst mit dem Kommen von Jesus wird Gott als Vater eindeutig offenbart. Jesus offenbart Gott als seinen himmlischen Vater und Jesus ermöglicht durch den Glauben die Gotteskindschaft.

Durch die Verheißung und Sendung des Heiligen Geistes bietet Jesus auch den Schlüssel zum Verständnis des Geistes. Jesus sendet ihn. Der Heilige Geist setzt das Werk von Jesus fort.

Insofern erweist sich das Christentum in der Tat als »christ«-liche Religion. Jesus Christus eröffnet den Glauben und den Zugang zum dreieinigen Gott. Eine einseitige Entwicklung hin zu einer Gott- oder Geistreligion ist ein Irrweg.

c. Geistliche Grundfragen

Bei der Dreieinigkeit geht es nicht nur um das Wesen Gottes an sich. Es sind auch andere zentrale Themen des Glaubens davon berührt. Vier sollen an dieser Stelle aufgenommen werden.

1. Die Erlösung
Wer kann die Welt erlösen? Kann ein Geschöpf die Welt erlösen? Nach biblischen Aussagen ist dies nicht möglich. Gott will ausdrücklich kein Menschenopfer (vgl. 1Mo 22,12; Mi 6,7). Ps 49,8-9 stellt fest, dass keiner einen anderen auslösen bzw. ein Sühnegeld

---

12 Opera trinitatis ad intra divisa sunt.

für ihn geben kann. Nach der Logik von 2Mo 21,24 (Auge um Auge) kann ein Mensch höchstens einen Menschen erlösen – aber dann müsste er ohne Sünde sein. Die Frage nach der Möglichkeit der Erlösung ist die große offene Frage des Alten Testaments, nachdem die Erkenntnis gewachsen ist, dass Tieropfer letztlich keine Lösung sind (Mi 6,6-7).

Eine Lösung deutet sich jedoch schon im Alten Testament an. Gott stellt seinen Knecht vor (Jes 42,1; 52,13). Dieser Knecht gibt sein Leben als Schuldopfer für viele. Wer mit diesem Knecht gemeint ist, bleibt im Alten Testament noch im Dunkeln. Mit Jesus wird es klar. Johannes der Täufer sagt über Jesus: »Siehe, das ist Gottes Lamm, das der Welt Sünde trägt« (Joh 1,29). Wenige Verse später sagt er über Jesus: »Dieser ist Gottes Sohn« (Joh 1,34). Gottes Lamm ist Gottes Sohn und trägt die Sünde der Welt. Ähnlich spricht Jesus von sich selbst, wenn er sagt: »Also hat Gott die Welt geliebt, dass er seinen eingeborenen Sohn gab, damit alle, die an ihn glauben, nicht verloren werden, sondern das ewige Leben haben.« (Joh 3,16).

Was kein Geschöpf kann, tut Gott. Gottes Sohn wird für die ganze Schöpfung gegeben. Nur so ist umfassende Erlösung möglich.

2. Das Gebet

Zu wem darf man beten? Biblisch ist die Antwort ganz eindeutig: zu Gott, und zwar ausschließlich zu Gott. Das Gebet zu allen anderen Mächten und Kräften (auch Engeln und Heiligen) ist von der Bibel her gesehen keine Möglichkeit.

Wenn die Dreieinigkeit die Wirklichkeit Gottes ist, dann darf zur Dreieinigkeit – Vater, Sohn und Heiliger Geist – gebetet werden.

Oft wird nach dem biblischen Zeugnis für das Gebet zu Jesus und zum Heiligen Geist gefragt. Das Gebet zu Jesus ist bezeugt (Joh 20,28; Phil 2,10-11; Offb 5,12). Aber dies ist nicht das entscheidende Argument. Entscheidend ist die Frage nach der Gottheit. Wenn Jesus und der Heilige Geist Gott sind, dann darf man zu ihnen beten.

Auf der anderen Seite gilt auch hier die Einheit. Egal welche Person der Dreieinigkeit angeredet wird, geht das Gebet an den dreieinigen Gott. Auch hier ist die Dreiheit nicht teilbar. Damit wird aber auch kein Gebet besser, indem man es an eine bestimmte Person der Dreieinigkeit richtet.

Allerdings gibt es doch ein gewisses biblisches Gefälle. Der Heilige Geist macht Jesus groß und Jesus lehrt beten »Vater unser« (Mt 6,9).

3. Die Liebe

In 1Joh 4,8 findet sich eine Spitzenaussage über Gott: »Gott ist Liebe.« Selbstverständlich gilt diese Liebe Gottes uns Menschen bzw. der ganzen Schöpfung. Wenn Gott jedoch in seinem Wesen dreieinig ist, dann ist diese Liebe eine grundsätzliche und zuerst innergöttlich verwurzelte Liebe, eben die Liebe innerhalb der Dreieinigkeit. Was der Schöpfung an Liebe Gottes zugutekommt, ist in Gott selbst ewige Wirklichkeit.

Wenn Gott Liebe ist, dann ist überhaupt nicht verwunderlich, dass die Liebe sowohl für Jesus als auch für die Wirkung des Heiligen Geistes eine zentrale Rolle spielt. So ist die zuerst genannte Frucht im Wirken des Heiligen Geistes die Liebe (Gal 5,22). Und Paulus macht in 1Kor 13 deutlich, dass alle Charismen ohne die Liebe wertlos sind.

Was von der Liebe zu sagen ist, lässt sich in gleicher Weise von der Vaterschaft Gottes sagen. Gott wird nicht Vater durch die Schöpfung. Gott ist Vater, der Vater von Jesus. Dies ist sein eigentliches und innerstes Wesen. Entsprechend ist es nur konsequent, wenn das Neue Testament zuerst die Vaterschaft Gottes gegenüber dem Sohn Jesus betont. Erst durch den Glauben werden Geschöpfe zu Kindern (Joh 1,12-13). Damit gibt Gott den Menschen Anteil an dem, was göttlich ewige Wirklichkeit ist.

4. Die Gemeinde
Es mag manche Leser überraschen, dass Paulus in den Kapiteln über Gaben, Gemeinde und Gottesdienst (1Kor 12–14) einen Verweis auf die Dreieinigkeit in die einleitenden Verse stellt (1Kor 12,4-6). Damit stellt er die Dreieinigkeit als Vorbild für die Gemeinde dar. So wie die Dreieinigkeit drei verschiedene Personen und doch eins ist, so soll es auch die Gemeinde sein.

5. Zusammenfassung
Oft hört man die Meinung, die Lehre von der Dreieinigkeit sei eine theoretische Sache und für die Praxis des Glaubens nicht von großer Bedeutung. Die angesprochenen Punkte dürften diese Meinung widerlegt haben. Der dreieinige Gott ist nicht nur Glaubensinhalt, sondern auch Vorbild für den Glauben in ganz zentralen Fragen des gelebten Glaubens.

3. Zentrale Stellen zum Heiligen Geist im Neuen Testament

Einige zentrale Stellen des Neuen Testaments sollen im Blick auf die Frage nach dem Heiligen Geist näher betrachtet werden. Schwerpunkt bilden die Aussagen von Jesus über den »Tröster«.

a. Der Tröster

Zugrunde liegt das griechische Wort *paraklētos,* das auch mit »Beistand« oder »Fürsprecher« übersetzt werden kann.

Das Vorkommen ist mit fünf Stellen im Neuen Testament nicht häufig: Joh 14,16.26; 15,26; 16,7; 1Joh 2,1.

In 1Joh 2,1 ist der Begriff Tröster auf Jesus bezogen, der unser Beistand vor dem Vater ist.

Joh 14,15-26

In Vers 16 begegnet eine triadische Formulierung: Jesus bittet den Vater um die Gabe eines anderen Trösters. Der »andere Tröster« tritt an die Stelle von Jesus und vertritt ihn somit. Dies zeigt die Nähe von Jesus und Heiligem Geist. Die Aufgabe des »anderen Trösters« ist »bei euch sein«. Das Gleiche sagt Jesus über sich selbst in Mt 28,20.

Vers 17 spricht vom »Geist der Wahrheit«. Diese Formulierung wird auch in Joh 15,26 und 16,13 für den Tröster verwendet.[13] Das Verhältnis des Geistes zu den Jüngern und zur Welt wird beschrieben. Die Welt kann den »Geist der Wahrheit« nicht empfangen. Der Tröster ist eine Gabe an die Gemeinde. Der Geist kann jedoch an der Welt Erkenntnis wirken (vgl. Joh 16,8-11). Die Jünger erkennen und kennen den Geist. Der Geist ist somit für die Jünger nicht anonym, fremd oder seltsam. Das Erkennen und Kennen kommt aus der klaren Beschreibung des Geistes und seiner Wirkungen. Wirken und Erkennen des Geistes müssen hier unterschieden werden: Das Wirken geht dem Erkennen voraus, aber das Wirken bleibt nicht unerkannt.

In den Versen 22-24 ist explizit nicht vom Geist die Rede, sondern vom Vater und von Jesus. Erneut unterscheidet Jesus die Jünger und die Welt. Warum kennt die Welt Jesus nicht? Jesus stellt einen Zusammenhang her zwischen Liebe, sein Wort halten und Wohnung nehmen. Nur dort, wo eine bewusste Beziehung zwischen Gott (dem dreieinigen) und Menschen besteht, ist Offenbarung. Ein Aspekt der Einheit der Dreieinigkeit nach außen ist das Wort. Das Wort des Vaters ist das Wort des Sohnes.

Der abschließende Vers 26 spricht wieder vom Tröster. Dieser wird hier eindeutig mit dem Heiligen Geist identifiziert. Außerdem macht Jesus in doppelter Weise eine triadische Aussage. Zunächst im Blick auf die Sendung: Der Vater sendet in Jesu Namen den Heiligen Geist. Sodann im Blick auf das Wort: Betont Jesus in Vers 24 die Identität zwischen seinem Wort und dem Wort des

---

13 Zum Zusammenhang von Geist und Wahrheit vgl. auch Joh 4,23-24; 1Joh 4,6; 5,6; Eph 1,13; 2Thess 2,13.

Vaters, so ist es hier die Identität zwischen dem Wort Jesu und der Erinnerung an dieses Wort durch den Heiligen Geist.

Joh 15,26

Erneut begegnet eine triadische Formel: Der Tröster wird durch Jesus vom Vater gesandt.

Wiederholt wird er als »Geist der Wahrheit« bezeichnet. Dies bedeutet, dass er ein wahrhaftiges Zeugnis von Jesus geben wird. Außerdem wird auf die Zeugenschaft der Jünger verwiesen. Das besondere und einmalige Kennzeichen der Jünger ist, dass sie Jesus begleitet haben. Sie haben ihn gesehen, gehört und sogar gefühlt (1Joh 1,1-3). Das Zeugnis der Jünger als Augenzeugen und das Zeugnis des Heiligen Geistes, der der Geist der Wahrheit ist, verbindet sich. Diese Verbindung ist die Basis der neutestamentlichen Schriften.

Joh 16,5-15

In den Versen 8-11 wird das Verhältnis des Trösters zur Welt erneut aufgegriffen. War es in Joh 14,17 negativ formuliert, so jetzt positiv. Der Tröster öffnet der Welt die Augen über Sünde, Gerechtigkeit und Gericht. Der Tröster öffnet der Welt die Augen über das Handeln Gottes durch Jesus Christus. Dies macht deutlich, dass der Heilige Geist ein missionarischer Geist ist, der in der Verkündigung von Jesus an der Welt wirkt. Wo die Welt durch den Geist Jesus erkennt und somit den Geist hat, wird sie zur Gemeinde.

In den Versen 12-14 schließt Jesus im Blick auf das Wort an frühere Aussagen an. Der Tröster wird das Wort Jesu weitergeben und Jesus damit verherrlichen.

Der abschließende Vers 15 unterstreicht die innertrinitarische Einheit. Der Vater hat dem Sohn alles übergeben und der Geist nimmt es vom Sohn. Die Texte legen eine innertrinitarische Hierarchie nahe: Vater – Sohn – Geist, was die Gottheit der einzelnen Personen nicht infrage stellt.

Zusammenfassung
Diese Worte Jesu im Johannesevangelium enthalten deutlich trinitarische Aussagen. Darin wird die Einheit des Wirkens von Vater, Sohn und Geist unterstrichen. Außerdem zeigen diese Texte den engen Bezug zwischen Jesus und dem Heiligen Geist. Der Heilige Geist setzt das Werk Jesu fort. Somit kann der Heilige Geist nie im Gegensatz zum Wirken Jesu stehen.

b. Pfingsten

Ein Schlüsselvers für die Apostelgeschichte ist das Abschiedswort Jesu in Apg 1,8: »Ihr werdet die Kraft des Heiligen Geistes empfangen, der auf euch kommen wird, und werdet meine Zeugen sein in Jerusalem und in ganz Judäa und Samarien und bis an das Ende der Erde.«

Der Heilige Geist wird verheißen und als Resultat wird sich das Zeugnis von Jesus von Jerusalem ausgehend ausbreiten über die ganze Erde. Genau so geschieht es an Pfingsten (Apg 2). Die Jünger werden mit dem Heiligen Geist erfüllt. Die Folge ist die Predigt von Jesus. Dabei stehen Kreuz und Auferstehung im Zentrum. Auch diese Stelle zeigt die enge Verbindung von Heiligem Geist und Jesus. Man kann auch den Rückschluss ziehen: Wo Jesus bezeugt wird, ist der Heilige Geist am Wirken.

4. Exkurs: Der Personenbegriff in der Trinitätslehre

Man spricht in der Trinitätslehre von einem Wesen und drei Personen. Ist der Personenbegriff angemessen oder missverständlich? Wir müssen uns Folgendes klarmachen:

1. Alles Reden von Gott in unserer menschlichen Sprache nach unseren menschlichen Vorstellungen ist begrenzt und unvollkommen. Es gibt letztlich keine totale Übereinstimmung zwischen unserer Begrifflichkeit mit ihrer Bedeutung für unseren Bereich und der Übertragung auf Gott. Wir verfügen über keine

Himmelssprache, um die göttlichen Dinge auszudrücken.[14]

2. Gott erniedrigt sich in der Offenbarung in unserer Sprache. Die Frage ist, ob unsere Sprache dann die Offenbarung in bestmöglicher Weise wiedergibt. Unsere Sprache und unsere Begriffe sind dabei in der Regel nur eine Annäherung.

3. Der Gott der Bibel hat sich als Person offenbart. Er hat viele Eigenschaften und Wesenszüge, die den personalen Aspekt unterstreichen. Aber klar ist auch: Gott ist kein Mensch. Hier gilt es, genau zu unterscheiden. Gott offenbart sich uns Menschen personal, ohne ein Mensch zu sein.

Beispiele: Gott offenbart sich als Vater. Er hat Wesenszüge, die auch einem irdischen Vater eigen sind. Und doch ist er nicht identisch mit einem irdischen Vater. Dasselbe gilt für Begriffe wie König usw.

4. Anders ist es mit dem irdischen Jesus. Diese Person der Dreieinigkeit wurde Mensch. Bei ihm ist der personale Aspekt durch die Entsprechung zum Menschsein am leichtesten zu fassen. Anders – nämlich wie beim Vater – ist es wiederum beim Heiligen Geist.

5. Es ist Aufgabe von Sprache und Begriffen, das Wesen der Offenbarung so genau wie möglich zu fassen im Wissen um alle Unvollkommenheit und vorläufige Annäherung.

---

14 Vgl. dazu 2Kor 12,4: Paulus hörte bei seiner Entrückung ins Paradies Dinge, die er nicht in die menschliche Sprache fassen kann.

KAPITEL 3:

Wirkungen des Heiligen Geistes

In der Formulierung des Themas ist die Mehrzahl »Wirkungen« sehr bewusst gewählt. Es geht in diesem Kapitel um die Wirkungen des Geistes in der Breite des neutestamentlichen Zeugnisses. Eine Konzentration und Engführung auf eine Wirkung, wie z.b. die Charismen, wäre zu einseitig.

Ich möchte vier Wirkungen des Heiligen Geistes unterscheiden. Unter diese vier Wirkungen lässt sich das neutestamentliche Zeugnis zusammenfassen. Die Abfolge ist dabei nicht zufällig.

1. Glauben an Jesus

Dies ist die erste und wichtigste Wirkung und entspricht den Tröster-Worten im Johannesevangelium. Der Heilige Geist wirkt in den Jüngern und in der Welt die Erkenntnis von Jesus, wer er ist und was er warum tat. Dies deckt sich auch mit der Pfingstpredigt und deren Folge (Apg 2): Menschen kommen zum Glauben an Jesus. Die Gemeinde des Neuen Bundes entsteht.

Ein zentraler Text steht nicht zufällig in der Einleitung zu den Kapiteln über die Gaben und den Gottesdienst im 1. Korintherbrief: »Niemand kann sagen: Jesus ist der Herr, außer durch den Heiligen Geist« (1Kor 12,3). Das ist eine grundsätzliche Beobachtung, die an das letzte Kapitel anschließt. Erneut begegnet das enge Verhältnis von Jesus und dem Heiligen Geist. Der Heilige Geist führt nicht zuerst zum Geist-Bekenntnis, sondern zur Jesus-Erkenntnis und dann zum Jesus-Bekenntnis: Jesus ist Herr.

Das bedeutet für den christlichen Glauben:
- Ein allgemeiner Gott-Glaube, der nicht weiter präzisiert werden kann, ist zu wenig. Es geht um Glauben an Jesus und über Jesus an den dreieinigen Gott.
- Der Name Jesus steht für Inhalt. Es geht ja nicht nur um einen Namen – das wäre magisch gedacht. Es geht um das Leben, die Worte und das Handeln von Jesus.
- Jesus ist Herr, Jesus ist *kyrios*. Kyrios war ab einer gewissen Zeit der Titel der römischen Kaiser, der mächtigsten Menschen der damaligen Welt. Damit verbindet sich der Anspruch von Jesus und seinen Nachfolgern: Jesus ist der mächtigste Mann der Welt, er ist *der* Kyrios. In Mt 28,18 sagt Jesus dies sinngemäß über sich selbst, wenn ihm alle Macht über Himmel und Erde gegeben ist. Sodann begegnet *kyrios* oft in der griechischen Übersetzung des Alten Testaments für den Jahwe-Namen. Mit dem Bekenntnis zu Jesus als *kyrios* schwingt das Bekenntnis zu seiner Göttlichkeit mit.
- Dieser Kyrios ist aber ein Kyrios anderer Art. Die Rahmenkapitel des 1. Korintherbriefs stellen Jesus vor als Gekreuzigten und Auferstandenen (1Kor 1,18; 2,1-2; 15). Bei diesem Kyrios geht es nicht um irdische Macht, sondern um das Heil der Menschen. Es geht nicht nur um diesseitiges Wohl, sondern um ewiges Heil.
- Der Glaube an Jesus als Kyrios ist keinesfalls selbstverständlich. Der Grund liegt darin, dass seine umfassende Herrschaft über die ganze Welt noch nicht sichtbar ist. Jesus ist der von der Gemeinde geglaubte und bekannte Kyrios.
- Für diesen Glauben, dass ein Gekreuzigter der Kyrios ist und dass dieser Gekreuzigte auferstanden ist und in der unsichtbaren Welt als Kyrios die Welt regiert, bedarf es das Wirken des Heiligen Geistes. Das kann der Mensch nicht aus sich selbst glauben.
- Jesus antwortet auf das Bekenntnis des Petrus, dass er »Christus, des lebendigen Gottes Sohn« sei, mit den Worten: »Fleisch und Blut haben dir das nicht offenbart, sondern mein Vater im Himmel« (Mt 16,16-17).

Martin Luther hat dies in seiner Erklärung zum dritten Artikel des Glaubensbekenntnisses zutreffend formuliert: »Ich glaube, dass ich nicht aus eigener Vernunft noch Kraft an Jesus Christus, meinen Herrn, glauben oder zu ihm kommen kann; sondern der Heilige Geist hat mich durch das Evangelium berufen ...«

Dieser ersten Wirkung des Heiligen Geistes lassen sich Texte wie Röm 8,14-17 zuordnen. Durch den Glauben an Jesus ist man Kind Gottes und Erbe Gottes, darf man Gott, den Vater, mit dem kindlich vertrauten Abba anrufen, gibt es Glaubensgewissheit, aber auch gegebenenfalls ein Leiden um Christi willen.

Folgerungen:
1. Das Bekenntnis zu Jesus ist das höchste Charisma. Wer an Jesus glaubt, hat alles. Wer Jesus als Herrn bekennt, hat den Heiligen Geist. Das Bekenntnis zu Jesus ist der erste und wichtigste Ausweis für das Wirken und die Gabe des Heiligen Geistes.
2. Gegenüber Bekenntnis und Glauben zu und an Jesus gibt es kein »Mehr«. Charismen treten beim Glaubenden hinzu, aber sie fügen dem Wert des Glaubens nichts hinzu.
3. Jeder Glaubende ist ein Wunder und Werk des Heiligen Geistes. Wenn Menschen zum Glauben kommen, wirkt der Heilige Geist und tut sein wichtigstes Werk.

2. Zeugnis von Jesus

Als wichtige Textgrundlage ist Apg 1,6-8 zu nennen.
Jesus geht auf die Frage seiner Jünger nach Endzeitspekulationen nicht ein, sondern verspricht den Jüngern den Heiligen Geist, um ihn, Jesus, zu bezeugen. Es bestätigt sich ein Grundmuster.
- Zum Zeugnis bedarf es einer Kraft (*dynamis*), die die Jünger nicht in sich selbst haben. Sie muss von außen kommen und sie kommt durch den Heiligen Geist.
- Dieses Zeugnis führt zur Ausbreitung der Botschaft von Jesus auf der ganzen Welt. Die Apostelgeschichte zeichnet in ihrer

Darstellung genau die Stationen nach, die Jesus in Kapitel 1,8 nennt: Jerusalem, Judäa und Samaria, das Ende der Welt.
- Hier ist der Grundauftrag für die Gemeinde in Übereinstimmung mit Mt 28,18-20 formuliert.

Der Zusammenhang von Heiligem Geist und dem Zeugnis von Jesus zeigt sich an Pfingsten (Apg 2). Durch die Kraft des Heiligen Geistes legen die Jünger Zeugnis von Jesus ab. Die Bereitschaft zum Zeugnis durchzieht die Berichte der Apostelgeschichte, gerade auch angesichts von Widerständen.

Ein weiteres Wort für diesen Kontext ist das Wort von Paulus an seinen ängstlichen und scheuen Mitarbeiter Timotheus. Er schreibt ihm in 2Tim 1,7-8: »Gott hat uns nicht gegeben den Geist der Furcht, sondern der Kraft und der Liebe und der Besonnenheit. Darum schäme dich nicht des Zeugnisses von unserem Herrn noch meiner, der ich sein Gefangener bin, sondern leide mit mir für das Evangelium in der Kraft Gottes.« Dieses Wort ist deshalb auffallend, weil es sagt, was Gott nicht gibt. Die Furcht vor dem Zeugnis ist nicht von Gott gegeben. Sie entspringt menschlicher Furcht. Gott gibt die Kraft zum Zeugnis, allerdings in Liebe und Besonnenheit. Diese Kraft von Gott erweist sich nach diesem Wort auch bei spürbarem Widerstand.

Es ist meine persönliche Überzeugung, dass wir diese Wirkung des Heiligen Geistes ganz dringend brauchen angesichts der deutlich fortschreitenden Entchristlichung unserer Gesellschaft. Wir brauchen die Kraft des Heiligen Geistes zum Zeugnis und wir brauchen viel Weisheit in der Frage, wie wir das Zeugnis von Jesus heute in guter Weise weitersagen. Wir brauchen Ideen und Mut für neue Formen der Weitergabe des Evangeliums von Jesus. Und wir brauchen dazu die Kraft des Heiligen Geistes, weil es nicht ausgeschlossen ist, dass die Widerstände größer werden.

Ein wichtiges Prüfkriterium für diese wichtige Wirkung des Heiligen Geistes ist, wie sehr Christen und Gemeinden mit sich selbst beschäftigt sind. Ist der missionarische Geist lebendig? Ist es ein

Anliegen, Menschen zu erreichen, die Jesus noch nicht kennen, oder ist die Gemeinde (fast) nur mit sich selbst beschäftigt?

3. Lebensveränderung

Von der Lebensveränderung durch den Glauben an Jesus Christus ist an vielen Stellen im Neuen Testament die Rede. Ein zentrales Wort für diese Wirkung des Heiligen Geistes ist Gal 5,22-23 im Kontext von Gal 5,16-26.

Die Überschrift über dem ganzen Abschnitt ist die Aufforderung, im Geist zu leben. Das mit »leben« übersetzte griechische Wort meint den ganz konkreten und praktischen Lebenswandel im Alltag. Paulus unterscheidet zwei Möglichkeiten: Leben im Geist oder Leben im Fleisch. Im Christen findet zwischen diesen beiden Möglichkeiten ein Kampf statt. Ähnlich wie in Röm 7,18-19 stellt Paulus fest, dass Christen immer wieder gegen ihr geistliches Wollen leben.

In den Versen 19-21 benennt Paulus die Werke des Fleisches. Es ist eine relativ lange Aufzählung. Folgende Themenbereiche lassen sich zusammenfassend benennen: Sexualität, Götzendienst, Streit, Völlerei. Es fällt auf, dass der Bereich des Streites mit den meisten Begriffen am ausführlichsten bedacht ist.

Gegen die Werke des Fleisches steht in den Versen 22-23 die Frucht des Geistes. Ein paar Beobachtungen sind auffallend. »Werke« ist Mehrzahl, »Frucht« ist Einzahl. Die Frucht ist eine Einheit. Die Frucht des Geistes soll insgesamt heranreifen. Beim geistlichen Wachsen kann man auf keinen Teil verzichten. Die Aufzählung bei der Frucht bildet keine positive Gegenüberstellung zu den einzelnen Werken des Fleisches. Bei der Frucht des Geistes sind ganz grundsätzliche Haltungen genannt, die in allen Lebensbereichen gelten. Dabei steht die Liebe prominent an erster Stelle.

Vers 25 formuliert die Schlussaufforderung: »Wenn wir im Geist leben, so lasst uns auch im Geist wandeln.« Damit ist der

Anfang von Vers 16 nochmals aufgenommen. Es geht um ein Leben, das in seinen ganz praktischen Alltagsbezügen vom Heiligen Geist bestimmt ist.

Ganz ähnlich ist die Ausführung von Paulus in Eph 5,1-14. Er spricht von der »Frucht des Lichts« und stellt diese den »Werken der Finsternis« gegenüber. Ähnlich wie im Galaterbrief nennt Paulus die Werke der Finsternis konkret: Unzucht, Unreinheit und Habsucht, während er bei der Frucht des Lichts allgemein formuliert: Güte, Gerechtigkeit, Wahrheit. Zu Beginn des Abschnitts hebt er die Liebe besonders hervor.

Lebensveränderung ist auch das Thema der Bergpredigt. Dort ist das Thema als Nachfolgelehre von Jesus entfaltet. Wir begegnen erneut der Tatsache, dass gleiche Themen terminologisch unterschiedlich dargestellt werden können: als Frucht des Geistes, als Frucht des Lichts, als Nachfolge. Von den Früchten ist auch am Ende der Bergpredigt die Rede (Mt 7,15-20). Im Kontrast stellt Jesus fest, dass ein guter Baum gute Früchte bringt, ein fauler Baum dagegen schlechte Früchte. Dies ist eine offensichtliche Tatsache. Genauso erwächst aus der Nachfolge bzw. aus einem echten Glaubensleben Frucht des Geistes.

Die Liebe steht innerhalb von 1Kor 12–14 in 1Kor 13 im Mittelpunkt. Damit wird ein Bezug zwischen den Charismen und der Frucht des Geistes hergestellt. Allerdings fällt dafür in 1Kor 13 das Wort »Frucht« nicht. Die Terminologie ist auch hier fließend.
 Und doch muss man von der Sache her unterscheiden. Die Charismen sind funktionale Gaben für das Gemeindeleben und den Gottesdienst. Die Liebe ist eine Grundhaltung, die hinter dem Charisma steht, sie ist nicht ein Charisma neben anderen. Die Liebe ist ein Muss für jeden Charismatiker, die Charismen jedoch sind verschieden. Kein Charisma im Sinne der Gabenlisten ist ein Muss für jeden.

Interessanterweise kann es zwischen Charisma und Frucht zum Konflikt kommen.

Ein sehr ernster Text ist in diesem Zusammenhang Mt 7,21-23. Angesprochen sind Propheten und Wundertäter, die nach eigenen Angaben im Namen von Jesus gewirkt haben. Jesus jedoch fällt das Urteil, dass sie nicht in das Reich Gottes kommen werden. Warum nicht? Nach diesem Text kommt ins Himmelreich, wer den Willen des Vaters tut. Offensichtlich haben sie diesen nicht getan. Was aber ist der Wille des Vaters? Wenn dieses Wort am Ende der Bergpredigt steht, dann kann es sich nur auf den Inhalt der Bergpredigt beziehen. In den klaren Weisungen von Jesus in der Bergpredigt ist der Wille Gottes zu finden.

Der Konflikt zwischen Charisma und Frucht zeigt sich auch in 1 Kor 12-14. Ohne Liebe sind alle Charismen nichts.

Nachfolge zielt auf konkrete Lebensveränderung. Der Heilige Geist lässt diese Veränderung als Frucht des Geistes wachsen und reifen.

4. Gaben zum Bau der Gemeinde

Auf die Gaben/Charismen werden wir in den weiteren Einheiten ausführlicher eingehen. Sie sind an dieser Stelle nur aus Gründen der Vollständigkeit genannt.

5. Zusammenfassung

Die unter 1.-3. ausgeführten Wirkungen des Heiligen Geistes gelten allen Christen. Natürlich sind die Erkenntnis, die Ausprägung und die Umsetzung individuell verschieden. Auch die Frucht reift unterschiedlich heran. Die Art und Weise, wie Christen ihren Glauben bezeugen, ist sehr verschieden. Auch fällt es dem einen leichter und dem anderen schwerer. Aber niemand kann bei diesen Wirkungen sagen: Diese habe ich nicht, will ich nicht und brauche ich nicht. Ähnlich argumentiert Jakobus in Jak 2,14-20.

Glaube und Werke (im Sinne von Frucht) sind nicht zu trennen, es kann nicht der eine den Glauben haben und der andere die Werke. Beides gehört zusammen.

Wir halten fest: Glauben, Zeugnis und Lebensveränderung als Wirkungen des Heiligen Geistes sind nicht aufteilbar. Sie sind Wirkungen im Leben jedes Christen, auch wenn es dabei individuelle Ausprägungen gibt.

Anders ist es bei der vierten Wirkung. Die Gaben sind verschieden. Nicht jeder Christ hat alle Gaben.

Charismen und Geistesgaben

KAPITEL 4:

Charisma und Charismenlisten

Das Thema verleitet dazu, mit einer Auslegung der einzelnen Gaben zu beginnen. Ich halte einen solchen Zugang für schwierig, weil man damit sehr schnell bei einer kontroversen Diskussion über die einzelnen Gaben ist.

Paulus selbst stellt die Gaben insbesondere in 1Kor 12–14 in einen theologischen Gesamtzusammenhang, den es zu beachten gilt. Dieser Gesamtzusammenhang ist sehr vielschichtig. Er bildet gleichsam die nötige Voraussetzung und den Rahmen zum Verstehen des Ganzen.

Von diesem Gesamtzusammenhang her können die Charismen im Einzelnen beurteilt und eingeordnet werden.

Es ist auffallend, dass manche Gaben nur erwähnt und nicht näher ausgeführt und beschrieben werden. Offensichtlich ist Paulus die grundlegende theologische Einordnung wichtiger als die Details im Blick auf die einzelnen Charismen. Ausführlich geht Paulus im Grunde in 1Kor 14 nur auf die Gaben der Glossolalie und der prophetischen Rede ein.

Auch wir werden uns gleichsam von außen nach innen den einzelnen Charismen nähern. So geht es zunächst um die Begriffe, dann um den Vergleich der verschiedenen Charismenlisten in den Briefen des Neuen Testaments, dann um den Zusammenhang von 1Kor 12–14 und dann um einzelne Charismen vor allem in 1Kor 12.

1. Zu den Begriffen und ihrem Vorkommen

Es ist nicht unwichtig, wie wir Begriffe verwenden und was wir damit verbinden. Mit Sprache transportieren wir Inhalte und schaffen Bewusstsein und prägen Überzeugungen.
Eine von der biblischen Bestimmung her saubere Erklärung und Verwendung von Begriffen ist notwendig, um die biblischen Inhalte möglichst getreu wieder- und weiterzugeben. Die biblische Ausdrucksweise und die Verwendung von Begriffen ist sehr präzise.

Zwei Begriffe wollen wir näher untersuchen.

a. charisma – Gabe

Im Neuen Testament steht Charisma 17-mal in der von uns hier zu betrachtenden Bedeutung. Das Wort Gabe kommt in deutschen Übersetzungen noch häufiger vor, auch mit der Bedeutung Opfergabe/Spende.
Die 17 Vorkommen verteilen sich folgendermaßen: sechsmal Römerbrief; siebenmal 1. Korintherbrief; je einmal 2. Korintherbrief; 1. Timotheusbrief; 2. Timotheusbrief; 1Petr 4,10. Damit ergibt sich ein Schwerpunkt des Vorkommens bei Paulus in Römer und 1Kor. In etlichen Schriften des Neuen Testaments, auch in Paulusbriefen, fehlt das Wort komplett.

Zur Bedeutung von Charisma: Das griechische Wort *charisma* ist verwandt mit *charis*. *Charis* bedeutet »Gnade«. *Charisma* sollte man nicht mit »Geistesgabe« wiedergeben, wie dies häufig geschieht. Der Begriff »Geist« (*pneuma*) steckt nicht in *charisma*. Als Wiedergabe empfiehlt sich »Gabe/Geschenk« oder – im Anklang an *charis* – »Gnadengabe«.
Ein Blick auf die verschiedenen Stellen zeigt, dass die Charismen der dreieinige Gott gibt. In Röm 12,3; 1Kor 12,28 und 2Tim 1,6-7 werden sie auf Gott zurückgeführt, in 1Kor 12,7 auf den

Geist, in Eph 4,7 auf Jesus.[15] Dies bedeutet: Man kann als Geber der Charismen einzelne Personen der Dreieinigkeit nennen. Die Gabe der Charismen ist jedoch nicht exklusiv an eine Person gebunden. Wer genannt wird, dürfte an der Frömmigkeitsprägung liegen. Es ist kein Zufall, dass gerade im 1. Korintherbrief der Geist genannt wird.

Wenn wir von Gaben sprechen, dann ist der Gaben-Charakter ernst zu nehmen. Gaben sind gegeben, in diesem Fall von Gott gegeben. Darin zeigt sich die Abhängigkeit von Gott und die Unverfügbarkeit der Gaben für den Menschen.

Freilich fordert Paulus auch auf, nach den Gaben, insbesondere der Gabe der Prophetie, zu streben (1Kor 14,1). Diese Spannung ist auszuhalten. Man darf um Gaben bitten, nach ihnen streben und doch bleiben sie Gaben Gottes und sind deshalb letztlich unverfügbar. Deshalb sind Gaben auch nicht grundsätzlich in gleicher Weise für jeden erlernbar, sonst wären es keine Gaben mehr. Jedoch kann man Gaben pflegen oder man kann sie verkommen und ungenutzt liegen lassen.

Der Begriff *charisma* begegnet ohne Berücksichtigung der Bedeutung Opfergabe/Spende in drei Bedeutungsebenen:

1. Jesus Christus ist *die* Heilsgabe. An zwei Stellen wird dies deutlich. Röm 5,15-16: »Aber nicht verhält sich's mit der Gnadengabe (*charisma*) wie mit der Sünde. Denn wenn durch die Sünde des Einen die Vielen gestorben sind, um wie viel mehr ist Gottes Gnade und Gabe den Vielen überreich zuteilgeworden durch die Gnade des einen Menschen Jesus Christus. Und nicht verhält es sich mit der Gabe wie mit dem, was durch den einen Sünder geschehen ist. Denn das Urteil hat von dem Einen her zur Verdammnis geführt, die Gnade (*charisma*) aber hilft aus vielen Sünden zur Gerechtigkeit.« Röm 6,23: »Denn der Sünde Sold ist der Tod; die Gabe (*charisma*) Gottes aber ist das ewige Leben in

---

15 Dies ist ein Beispiel für den altkirchlichen Lehrsatz »Die Werke der Dreieinigkeit nach außen sind nicht teilbar« (s. Kapitel 2).

Christus Jesus, unserm Herrn.«

2. Der umfassende Dienst der Apostel bzw. Evangelisten kann als *charisma* bezeichnet werden. Auch hierzu zwei Stellen. Röm 1,11: »Denn mich verlangt danach, euch zu sehen, damit ich euch etwas mitteile an geistlicher (*pneumatikon*) Gabe (*charisma*), um euch zu stärken.« 2Tim 1,6-7: »Aus diesem Grund erinnere ich dich daran, dass du erweckest die Gabe (*charisma*) Gottes, die in dir ist durch die Auflegung meiner Hände. Denn Gott hat uns nicht gegeben den Geist der Furcht, sondern der Kraft und der Liebe und der Besonnenheit.« (Vgl. auch 2Kor 1,11; 1Tim 4,14.)

3. Verschiedene Gaben zum Bau der Gemeinde und der persönlichen Lebensführung werden als *charisma* bezeichnet:

Röm 12,6:	verschiedene Gaben für den Gemeindebau: Gabenliste
1Kor 7,7:	Gabe der Ehelosigkeit oder der Heirat
1Kor 12,4.9.28.30f:	verschiedene Gaben für den Gemeindebau: Gabenliste
1Petr 4,10:	zwei Grundgaben für den Gemeindebau

Zusammenfassung:

Der Begriff *charisma* ist im Neuen Testament in der Bedeutung »Gnadengabe« nicht inflationär verwendet. Es ist kein zentraler Begriff bei Jesus. Viele Briefe im Neuen Testament nehmen den Begriff und die Thematik nicht auf.

Diese Beobachtung dient zur Einordnung: Es gibt keine Ablehnung des Themas, aber auch keine einseitige Überhöhung.

Der Begriff *charisma* betrifft drei Ebenen, die nicht voneinander zu trennen sind.

Die Gaben in der Gemeinde und die Gabe im Dienst der Apostel dienen der einen gemeinsamen Gabe, nämlich auf die Heils-Gabe Jesus Christus zu verweisen.

b. pneumatikos – geistlich, der Geistliche, Geistbegabte, Geistesgabe

Pneumatikos beinhaltet im Unterschied zu *charisma* den Begriff »Geist« (*pneuma*). *Pneumatikos* kommt 26-mal im Neuen Testament vor; davon 14-mal in 1Kor; dreimal in Römer; einmal in Galater; dreimal in Epheser; zweimal in Kolosser; zweimal in den Petrusbriefen; einmal in der Offenbarung.

Die häufige Verwendung in 1Kor dürfte ein Hinweis sein, dass Wort und Thema besonders in Korinth aktuell waren, sehr wahrscheinlich gerade auch im Zusammenhang mit den Gaben. *Pneumatikos* steht in 1Kor 12 und 14 jeweils im ersten Vers.

Einige Aspekte der Verwendung in Auswahl:

1. Der Dienst des Apostels kann als *pneumatikos* beschrieben werden. In Stellen wie Röm 1,11 (s.o.) stehen *pneumatikos* und *charisma* in einem Zusammenhang. 1Kor 9,11: »Wenn wir für euch Geistliches (*pneumatikos*) säen, ist es dann zu viel, wenn wir Leibliches von euch ernten wollen?«

2. *Pneumatikos* steht in der Regel für das neue Leben mit Jesus. Das neue Leben mit Jesus steht im Gegensatz zum früheren Leben ohne Jesus, das als »fleischlich« oder »seelisch« bezeichnet wird. Es geht um eine neue Lebensausrichtung an Gott.[16] So ist z.B. das Gesetz »geistlich« (Röm 7,14); man ist gesegnet mit »geistlichem« Segen (Eph 1,3); man singt »geistliche« Lieder (Eph 5,19; Kol 3,16); man erbaut sich als »geistliches« Haus. Eschatologisch ist der neue Leib ein »geistlicher« Leib (1Kor 15,44.46).

Christen können grundsätzlich als *pneumatikos* beschrieben werden (Gal 6,1).

Ein besonders dichter Text ist 1Kor 2,13-15: »Und davon reden wir auch nicht mit Worten, welche menschliche Weisheit lehren kann, sondern mit Worten, die der Geist lehrt, und deuten geist-

---

[16] Ganz selten ist *pneumatikos* negativ verwendet. So in Eph 6,12: böse Geister (*pneumatika* der Bosheit).

liche Dinge für geistliche Menschen (*pneumatikous pneumatika*). Der natürliche Mensch aber nimmt nicht an, was vom Geist Gottes ist; es ist ihm eine Torheit und er kann es nicht erkennen; denn es muss geistlich beurteilt werden. Der geistliche Mensch (*pneumatikos*) aber beurteilt alles und wird doch selber von niemandem beurteilt.« Der Zusammenhang dieses Textes deutet auf das Verständnis der Heilsgeschichte, denn es geht um das Verständnis des Kreuzes.

3. In 1Kor 3,1-4 erhebt Paulus gegenüber den Korinthern den Vorwurf, sie seien nicht geistlich (*pneumatikos*). Er nennt sie »fleischlich« und nicht »geistlich«. Der Grund sind die Parteiungen in der Gemeinde. Eifersucht und Zank ordnet Paulus dem »Fleischlichen« zu.

Das heißt aber, es können in der Gemeinde Gaben (*charismen*) vorhanden sein, man kann sich sogar selbst für sehr geistlich halten, und doch ist die Wirklichkeit im Blick auf das Verhalten eine andere. Man könnte auch sagen: Es finden sich Gaben, aber keine Frucht.[17]

4. *Pneumatikos* steht auch für die »Geistesgaben«. In dieser Bedeutung findet sich der Begriff nur an zwei Stellen in 1Kor 12,1 und 1Kor 14,1. In 1Kor 12,1 steht *pneumatikōn*. Diese Genitivform kann sowohl Maskulinum als auch Neutrum sein. Sie könnte somit mit »Geistesgaben« als auch mit »Geistbegabten« übersetzt werden.[18] Es können auch beide Bedeutungen mitschwingen. Beim maskulinen Verständnis gäbe es wohl Menschen in Korinth, die so bezeichnet werden oder sich selbst so bezeichnen. Im Kontext von 1Kor 12-14 ist dann vor allem an Gemeindeglieder zu denken, die die Gabe der Glossolalie oder Prophetie haben. In 1Kor 14,1 steht *pneumatika*, eine neutrische Form, die sich dann eindeutig auf die »Geistesgaben« bezieht.

Paulus vermeidet im Großen und Ganzen für die Beschreibung

---

17 Vergleichbar ist das Wort von Jesus am Ende der Bergpredigt (Mt 7,21-23). Begabten Menschen im Sinne der Charismen sagt er, dass er sie nicht kennt, weil sie nicht den Willen des Vaters im Himmel tun. Hier zeigt sich eine sehr harte Wirklichkeit: Man kann mit Charismen verloren gehen und ohne Charismen in den Himmel kommen.
18 Vgl. Klaiber, S. 192; Schnabel, S. 681-682.

der Charismen diesen Begriff und spricht eben in der Regel von *charisma*. Der Grund könnte die einseitige Betonung bestimmter Charismen sein, aber auch ein einseitiges Verständnis vom Wirken des Geistes. Dass Paulus in 1Kor 12–14 *pneumatikos* verwendet, dürfte daran liegen, dass der Begriff auch in Korinth betont verwendet wurde und dass Paulus diesen Begriff bewusst aufgreift.

Zusammenfassung

Insgesamt gibt es ähnlich wie beim Begriff *charisma* ein Bedeutungsspektrum, das zusammengehört. Der Bezug auf die Gaben kann nicht abgelöst werden vom Gesamten.

Gemeint ist zunächst das geistliche Leben grundsätzlich. Die Gaben sind ein Aspekt dessen. Auch der Dienst der Apostel kann umfassend mit diesem Begriff beschrieben werden.

1Kor zeigt eine erschreckende Tatsache: Man kann Gaben haben (1Kor 12), ohne wirklich geistlich zu leben (1Kor 3).

2. Die Gabenlisten: Ein Vergleich und die Folgerungen[19]

1Kor 12,8-10	1Kor 12,28-30	Röm 12,6-8	Eph 4,11	1Petr 4,10-11
1 Wort der Weisheit				
2 Wort der Erkenntnis				
3 Glauben				
4 Gaben der Heilungen	5 Gaben der Heilungen			
5 Kräfte	4 Kräfte			
6 prophetische Rede	2 Prophet	1 prophetische Rede	2 Prophet	
7 Geister unterscheiden				
8 Arten von Sprachen / Zungen	8 Arten von Sprachen / Zungen			
9 Auslegung der Sprachen / Zungen				
		2 Amt / Dienst / Diakonie		2 Dienen
	3 Lehrer	3 Lehre	5 Lehrer	
		4 Ermahnung		
		5 Geben / Spenden		
		6 Fürsorge		
		7 Barmherzigkeit		
	1 Apostel		1 Apostel	
			3 Evangelist	
			4 Hirte	
	6 Helfen			
	7 Leiten			
				1 Reden

Gabenlisten im NT (Briefe)

a. Die Gabenlisten

Die Zusammenstellung der Gabenlisten berücksichtigt fünf Texte: Röm 12,6-8; 1Kor 12,8-10; 28-30; Eph 4,11; 1Petr 4,10-11.

Zur Erklärung von Tabelle 1: An erster Stelle steht die erste Ga-

---

[19] Berücksichtigt werden hier nur die Gabenlisten in den Briefen. In anderen Kontexten nennt Jesus in Mt 7,22 prophetische Rede, Dämonenaustreibung und Wunder; in Mk 16,17-18 Dämonenaustreibung, Glossolalie, Wunder und Heilung.

benliste aus 1Kor 12,8-10. Die Gaben sind in der dortigen Reihenfolge aufgelistet. Die Zahlen zu Beginn der einzelnen Gaben verweisen auf die Stellung innerhalb der jeweiligen Gabenliste. Horizontal sind die jeweils gleichen Gaben der einzelnen Listen in derselben Spalte verzeichnet.

b. Formaler Vergleich der Gabenlisten

Ein Vergleich der verschiedenen Gabenlisten zeigt:
- Die Listen sind nicht identisch, weder in der Reihenfolge noch in den aufgezählten Gaben noch im Umfang. So umfasst 1Petr 4,10-11 nur zwei Charismen und erweckt den Eindruck einer sehr elementaren und grundsätzlichen Beschreibung.
- Auch die Formulierung ist nicht einheitlich. Es gibt personenorientierte und gabenorientierte Bezeichnungen. Eph 4,11 ist rein personenorientiert (Apostel, Prophet ...); 1Kor 12,8-10 ist rein gabenorientiert formuliert; in Röm 12,6-8 und 1Kor 12,28-30 begegnet eine Mischform.

c. Folgerungen und Fragen

1. Der jeweilige Kontext und das jeweilige Ziel der Darstellungen sind verschieden. In Röm 12 geht es stärker um das Gemeindeleben insgesamt, in 1Kor 12 stärker um den Gottesdienst. Eph 4 hat die grundlegenden Verkündigungsämter (Apostel, Prophet, Evangelist, Lehrer) im Blick, ergänzt durch das Leitungsamt des Hirten. 1Petr 4 nennt zwei Grundgaben (Predigt und Diakonie), die die Gemeinde zu allen Zeiten braucht.

2. Sind in den ausführlichen Gabenlisten in Röm 12 und 1Kor 12 alle in den jeweiligen Gemeinden vorhandenen Gaben aufgelistet oder nur eine vom Ziel des Briefes her wichtige Auswahl? Der Vergleich der Listen spricht für Letzteres.

3. Sind auch in der Summe der Listen überhaupt alle Gaben aufgelistet? Wenn dies nicht der Fall ist, dann haben wir es mit einem offenen Gabenverständnis zu tun. Dies würde aber auch für heute bedeuten, dass wir ein offenes Gabenverständnis zugrunde

legen sollten. Die entscheidende Frage ist: Welche Gaben dienen aktuell dem Bau der Gemeinde vor Ort?

4. Wenn sich die Gabenlisten im Detail so stark unterscheiden, dann stellt sich die Frage, ob es ein »Muss« für alle genannten Gaben gibt oder ob nicht die Leitfrage sein sollte, was Gott der einzelnen Gemeinde geben möchte.

5. Somit kann es auch heute Unterschiede geben je nach Gemeinde, Situation, Prägung und Personen.

6. Im Umgang mit den Gaben ergeben sich aus dem Vergleich der neutestamentlichen Gabenlisten folgende wichtige Fragen: Was ist nötig? Was ist möglich? Welche Gaben müssen unbedingt in der Gemeinde vorkommen? Welche Gaben sind möglich, aber nicht zwingend notwendig? Die weitere Frage, die sich aus 1 Kor 14 ergibt, ist dann die Frage nach dem rechten und falschen Gebrauch der Gaben.

7. Da es sich bei den Gaben eben um Gaben handelt, die Gott gibt und die nicht einfach verfügbar sind, ist auch die Einsicht notwendig, dass Gott Personen und Gemeinden gewisse Gaben nicht gibt. Auch dies hat seinen göttlichen Sinn.

d. Weitere Beobachtungen speziell zu 1Kor 12

- In der Regel steht Apostel oder Prophet / prophetische Rede ganz oben in den Gabenlisten (in 1Petr 4 ist es die Predigt ganz allgemein für die Verkündigungsgaben).
- In der Gabenliste in 1Kor 12,8-10 stehen Prophetie und Glossolalie am Ende. Es sind die Gaben, mit denen sich Paulus in 1Kor 14 ausführlich beschäftigt. In der zweiten Gabenliste in 1Kor 12,28-30 stehen dagegen Apostel und Propheten am Anfang.
- Nur in 1Kor 12 wird Glossolalie genannt. Sie steht in beiden Listen, in 1Kor 12,10 zusammen mit der Auslegung der Glossolalie, am Ende.

e. Zusammenfassung

Der Vergleich der Charismenlisten deutet auf ein dynamisches Gaben-Verständnis. Ich nehme in der Gaben-Diskussion seit Jahrzehnten eine Engführung auf 1Kor 12–14 wahr. In manchen Kreisen wird vor allem 1Kor 12 geradezu »gesetzlich« ausgelegt, nach dem Motto: Was hier vorkommt, muss unbedingt überall sein. Ein Blick auf das Ganze lehrt dies gerade nicht.

Die Gabenlisten lehren in ihrer Verschiedenheit eine Offenheit mit der Frage: Was gibt Gott an Gaben und was gibt Gott nicht? Was fehlt an Gaben und welche Gabe ist nicht notwendig?

Und noch eine Beobachtung und Überlegung zur Gabendiskussion. Wer will oder erstrebt den »Pfahl im Fleisch«, den Paulus hatte? Nach den Aussagen von Paulus in 2Kor 12,7 war er ihm »gegeben« und das heißt von Gott gegeben. Paulus hat auch den Sinn dieser »Gabe« erkannt. Sie war für ihn gut, wiewohl nicht erbeten und nicht gewollt.

Zum Gabenbegriff gehören die Freiheit des Gebenden und die Unverfügbarkeit der Gaben, obwohl man nach ihnen streben soll und sie erbitten darf. Nicht alles, was wir wollen, bekommen wir, und wir bekommen manches, was wir nicht wollen.

Unverzichtbar sind die Grundgaben nach 1Petr 4: Verkündigung und Diakonie. Dies sind die zwei unabdingbaren Gaben, die sich wiederum sehr vielfältig ausprägen können. Die Verkündigung steht auch in Eph 4 ganz im Mittelpunkt der Aufzählung und in den Gabenlisten in Röm 12 und 1Kor 12,28-30 stehen die Verkündigungsgaben am Anfang der Aufzählung. Die Gaben zur Verkündigung des Evangeliums und der helfenden Nächstenliebe sind unverzichtbar.

KAPITEL 5:

Die Charismen in 1. Korinther 12–14

Folgende Beobachtungen und Überlegungen sind ganz entscheidend für das grundsätzliche Verständnis dieses Textes:

1. Ist die Auflistung der Gaben vor allem ein Lehrtext nach dem Motto: »Diese Gaben müssen in dieser Weise überall sein«!? Oder wird die Situation einer Gemeinde geklärt, die sich in anderen Gemeinden anders darstellt? Der Text spricht eindeutig für das Zweite. Die Korintherbriefe behandeln kritische Fragen der Gemeinde Korinth und Paulus ordnet konkrete Dinge.

2. Paulus spricht sehr differenziert über die Dinge. Im Eingangsgruß (1 Kor 1,7) dankt er für die Gaben in Korinth, während er in 1 Kor 12–14 auch den unordentlichen Umgang mit den Gaben ordnet.

3. Paulus spricht nicht nur über die Gaben an sich. Er stellt die Thematik in einen großen theologischen Zusammenhang. Es ist wichtig, sowohl den großen theologischen Zusammenhang als auch die Details im Blick auf die Gaben zu bedenken.

Zunächst wenden wir uns der theologischen Einbettung der Gabenfrage zu.

1. Aufbau von 1Kor 12–14 [20]

1 Kor 12:	Grundsätzliche theologische Erörterung zur Frage der Charismen in Korinth
1 Kor 13:	Grundorientierung zum Umgang mit den Charismen: die Liebe
1 Kor 14:	Ausführungen zur Glossolalie und Prophetie

---
20 Vgl. Schnabel, S. 679.

Paulus regelt die Frage der Charismen nicht ausschließlich kasuistisch oder legalistisch. Durch die umfassende theologische Einordnung versucht er, ein grundsätzliches Verständnis zu wecken. Dies machen sowohl die Einleitungen in 1Kor 12 als auch die zentrale Stellung von 1Kor 13 mit dem Thema »Liebe« und die Ausführungen speziell zu zwei Gaben in 1Kor 14 deutlich. Es ist auffallend, dass Paulus mehr grundsätzlich ausführt, als auf Einzelheiten einzugehen.

2. Zwei Leitfragen für Paulus[21]

Für Paulus stellen sich zwei Leitfragen, denen er die ganze Diskussion unterordnet.

1. Die Auferbauung aller Christen der Gemeinde

Das eigentliche Problem sind nicht die Gaben an sich, sondern der Umgang der »Charismatiker« miteinander. Die Ausführungen von Paulus legen nahe, dass es bei einzelnen »Begabten« ein elitäres Denken gab, ein Stufendenken im Blick auf die Charismen. Bis heute ist dies eine Herausforderung in vielen Gemeinden.

Der Gebrauch von kleinen Worten verrät oft sehr viel. Ich nenne die Wörtlein »mehr« und »besser«. »Mehr« zu wollen ist nicht grundsätzlich schlecht. Nur wenn es zu einem Qualitätsurteil über andere führt oder wenn andere, die vermeintlich »weniger« haben, als weniger geistlich betrachtet werden bis hin zur völligen geistlichen Infragestellung, dann ist die Einheit der Gemeinde gefährdet. Es ist doch auffallend, dass sich gerade im Korintherbrief die Thematik der Charismen und der Spaltungen wie in keinem anderen Brief im Neuen Testament verbinden. Mit dem Bild vom Leib macht Paulus deutlich, dass es um die Einheit des Leibes geht.

---

21 Ebd.

2. Die Wirkung auf Außenstehende

Das ist das Thema für Paulus in 1Kor 14,20-25. Wie wirken Glossolalie und Prophetie auf Außenstehende? Werden sie dadurch eher abgestoßen oder zum Glauben eingeladen und ermutigt? Es wird deutlich, wie stark Paulus von der Mission her denkt. Was dazu führt, dass die Gemeinde nur mit sich selbst beschäftigt ist, was dazu führt, dass Außenstehende eher abgeschreckt als eingeladen werden, kann Paulus nicht gutheißen. Dies ist ein ganz wichtiger Aspekt auch für Gemeinde und Gottesdienst heute. Und natürlich stellt sich die Frage nach der Wirkung auf Außenstehende nicht nur im Blick auf Glossolalie und Prophetie. Wenn Gemeinde durch ihre Gottesdienste Außenstehende ansprechen möchte, muss sie sich dieser Frage ganz grundsätzlich stellen.

Zusammenfassend lässt sich sagen, dass für Paulus die Wirkung nach innen (Gemeindebau) und die Wirkung nach außen (Mission) entscheidende Kriterien für den Gebrauch der Charismen sind. Nicht die Charismen an sich sind nur entscheidend, sondern ihre Funktion für diese beiden Ziele.

3. Die theologischen Grundlagen

Bevor wir uns einzelnen Charismen zuwenden, bedenken wir die grundlegenden theologischen Ausführungen des Paulus.

a. 1Kor 12,1-3: Wie ist es mit den Geistesgaben oder Geistbegabten?

Diese Frage möchte Paulus – wie viele andere Fragen – im 1. Korintherbrief klären. Die Gemeinde soll nicht im Ungewissen sein (V. 1). Theologische Fragen, die die Gemeinde beschäftigen, müssen angepackt werden. Dass es dabei auch zu unterschiedlichen Meinungen kommen kann, darf nicht der Grund sein, den Fragen aus dem Weg zu gehen.

In Vers 2 erinnert Paulus an die religiöse Vergangenheit der

Korinther, als sie noch Heiden waren und nicht an Jesus glaubten. Ihre damalige Religiosität hatte etwas Machtvolles und Anziehendes. Und das, obwohl die Götter stumm, also tot waren. Spielt Paulus damit auf ekstatische Phänomene an, die auch in der Gabendiskussion eine Rolle spielen? Dies ist unter den Auslegern sehr umstritten. Ich denke, dass Paulus zum Ausdruck bringen möchte, dass äußere Phänomene und innere Gefühle nicht die ausschlaggebenden Kriterien für die Wahrheit einer Religion sind. »Begeisterung« ist kein Wahrheitskriterium, sondern eine Weise des Erlebens von Glauben, die individuell ganz unterschiedlich ausfallen kann.

Paulus fährt in Vers 3 mit einer starken Aussage zur Verfluchung Jesu fort. Wo wurde Jesus verflucht? In heidnischen Kulten? Oder in Teilen des Judentums mit Bezug auf 5Mo 21,23? Oder gab es sogar in christlichen Kreisen eine Verachtung des irdischen Jesus (nicht des himmlischen Christus) – und ist dies möglicherweise eine Anspielung auf die Enthusiasten in Korinth? Der historische Hintergrund in Korinth für diese Formulierung ist nicht eindeutig klar.

Bei aller Unsicherheit um die konkreten Bezüge ist jedoch eines sicher: Die Grundgabe des Heiligen Geistes ist das Bekenntnis zu Jesus. Wer bekennt: »Jesus ist Herr«, hat den Heiligen Geist. Auf dieser Basis gibt es keine qualitativen Unterschiede. Dies ist das erste und wichtigste Kriterium für den Heiligen Geist. Damit macht Paulus den wichtigsten Punkt klar: Die Gabe des Heiligen Geistes zeigt sich nicht zuerst an den Charismen, sondern am Bekenntnis zu Jesus. Dem Grund-Charisma des Bekenntnisses folgen die anderen Charismen.

b. 1Kor 12,4-6: Grundorientierung am dreieinigen Gott

Man beachte schon in Vers 3 die trinitarische Formulierung: Geist Gottes – Jesus ist Herr – Heiliger Geist. Warum steht der Bezug zur Dreieinigkeit gerade am Anfang der Ausführungen über die Charismen? Es geht um die Einheit der Gemeinde trotz der Verschiedenheit der Gemeindeglieder. Das Vorbild zur Einheit in Verschiedenheit ist der dreieinige Gott.

Führten die Bewertung der verschiedenen Charismen und die Selbsteinschätzung bestimmter Charismatiker gerade in Korinth zur Bedrohung der Einheit? Werden – dies legt 1 Kor 12,22-26 nahe – manche Gaben nicht gesehen bzw. gering geachtet? Gab es einen Hochmut im Blick auf den Besitz bestimmter Gaben bzw. eine Geringschätzung von Gemeindegliedern, die gewisse Gaben nicht hatten?

Außerdem geht es um ein Zusammenspiel von Gaben, Diensten und Kräften. Gaben sind Kräfte, um einander zu dienen. Steht der Dienst im Vordergrund, dann geht es bei den Gaben um die Erbauung der Gemeinde und nicht um die eigene Profilierung.

Dem Herrn – Jesus – wird der »Dienst« (griechisch *diakonia*, Luther hat mit »Amt« übersetzt) zugeordnet. Jesus als der Diener schlechthin ist Vorbild für den Umgang mit den Charismen.

c. 1 Kor 12,7: In jedem wirkt der Geist zum Nutzen aller

Zwei wichtige Grundlinien macht Paulus in diesem Vers deutlich.

Zunächst: Jeder hat eine Gabe. Nicht ein paar wenige haben eine oder mehrere Gaben.

Sodann ist das entscheidende Kriterium der Nutzen für alle. Die Gabe dient nicht dem Begabten, sondern der Gemeinde. Eine Ausnahme bildet nicht übersetzte Glossolalie, worauf Paulus ausführlich in 1 Kor 14 eingeht.

Dies fordert vor allem von denjenigen, die mit besonders auffallenden Gaben, die auch in der Öffentlichkeit deutlich erkennbar sind, begabt sind, immer wieder die selbstkritische Frage: Nutze ich diese Gabe zum Dienst für die Gemeinde oder zur eigenen Profilierung? Und eine weitere Frage stellt sich diesem Personenkreis: Werden der Einsatz und die Notwendigkeit der weniger auffallend Begabten wahrgenommen, anerkannt und geschätzt? Gott hat alle Gemeindeglieder unterschiedlich begabt, damit sie einander dienen.

d. 1Kor 12,12-21: Das Bild vom Leib

Bevor Paulus das Bild vom Leib ausführlich darstellt, stellt er in den Versen 12-13 eine einleitende Bemerkung voran. Zunächst betont er die Einheit des Leibes trotz der Vielzahl der Glieder. Das macht er wiederum am Hinweis auf Christus bzw. den Geist fest. Wie Christus einer ist, so ist auch sein Leib einer. Die Einheit wird auch unterstrichen durch die Taufe, die bei allen auf den Namen des dreieinigen Gottes geschieht und so die Einheit und Zusammengehörigkeit herstellt. Als Beispiel für die Verschiedenheit der Glieder nennt Paulus die heilsgeschichtliche Differenzierung von Juden und Griechen und die sozialen Unterschiede zwischen Sklaven und Freien. Alle, sofern sie an Jesus glauben und auf den dreieinigen Gott getauft sind, gehören zu dem einen Leib.

Bei der anschließenden Ausführung über das Bild vom Leib in den Versen 14-21 hebt Paulus folgende Aspekte hervor:
- Ein Leib besteht aus vielen Gliedern (V. 14).
- Kein Glied soll sich ausschließen, weil es anders ist als andere Glieder (V. 15-16). Im Kontext der Gabendiskussion bedeutet dies: Nicht alle haben dieselbe Gabe. Wenn ich eine Gabe nicht habe, dann gehöre ich trotzdem dazu und soll mich nicht selbst ausschließen.
- Der Leib braucht, um funktionieren zu können, die unterschiedlichen Glieder (V. 17). So braucht der Leib Gemeinde die verschiedenen Gaben.
- Gott selbst will die Verschiedenheit und setzt sie ein (V. 18).
- Abschließend unterstreicht Paulus nochmals den grundsätzlichen Aspekt: ein Leib und viele Glieder (V. 19-20).
- Ging es in Vers 15-16 um den Selbstausschluss von Gliedern, so geht es in Vers 21 darum, dass ein Glied ein anderes Glied ausschließt, weil es anders ist und vermeintlich nicht gebraucht wird.

e. 1Kor 12,22-27: Die schwächsten Glieder

Paulus führt den Aspekt aus Vers 21 fort und spitzt ihn zu auf die schwächsten Glieder. Paulus bezieht sich im Bild vermutlich auf die Geschlechtsorgane. Er nennt sie schwach, wenig ehrbar und unanständig. Aber gerade sie sind nötig und werden besonders umkleidet.

Das Fazit für den Leib der Gemeinde: Die geringeren Glieder sollen besondere Ehre erfahren (V. 24), damit keine Spaltung entsteht.

Mit diesem Absatz und dem fast anstößigen Bild wehrt Paulus einem Hierarchiedenken im Blick auf die Begabten. Er schärft den Blick für die Gaben der Glieder, die nicht so sehr im Rampenlicht stehen und gerne übersehen werden, aber für den Leib nicht weniger wichtig sind.

Paulus wird nicht konkret. Er nennt keine bestimmten Gaben. Er belässt es auch hier bei der grundsätzlichen Feststellung. Damit bleibt es für die Gemeinde aller Zeiten eine Herausforderung, darauf zu achten, dass Gemeindeglieder mit anderen Gaben ganz grundsätzlich nicht gering geachtet werden.

f. 1Kor 13: Theologische Zentrierung

In die Mitte der Ausführungen über Gaben und Gottesdienst bzw. den Gebrauch der Gaben im Gottesdienst stellt Paulus das Kapitel über die Liebe. Auf den Punkt gebracht: Ohne die Liebe sind alle Charismen nichts. Die zentrale Stellung dieses Kapitels und überhaupt die Aufnahme des Themas ist nur einsichtig, wenn es gerade im Blick auf die Liebe in Korinth ein deutliches Defizit gab, was auch die Abhandlung über die schwachen Glieder vermuten lässt.

Die Liebe ist die erste Frucht des Geistes nach Gal 5,22. Die Liebe ist das neue Gebot Jesu (Joh 15,12). Die Liebe ist der Gradmesser für den rechten Umgang mit den Charismen.

Die größte Gabe ist die Liebe (1Kor 12,31). Diese Gabe sollen alle erstreben.

Es ist die große Frage an die besonders Begabten, wie sie mit den scheinbar weniger Begabten umgehen. Gibt es ein Elitedenken im Blick auf die Charismen, dann widerspricht dies der Liebe.

g. 1Kor 14: Das Anliegen des Paulus: Ordnung

Der Umgang mit den Charismen ist Paulus auch in 1Kor 14 wichtig. Gemäß einem dynamischen Verständnis der Charismen geht es ihm nicht grundsätzlich um ein Dafür oder Dagegen. Es geht ihm um einen ordentlichen Gebrauch. Auch dies wird theologisch begründet. »Gott ist nicht ein Gott der Unordnung, sondern des Friedens« (V. 33). Entscheidende Kriterien sind die Verstehbarkeit und Verständlichkeit des Evangeliums, die Erbauung der Gemeinde und die missionarische Wirkung auf Ungläubige. Um dieser Kriterien willen hat der Begabte die Kontrolle über die Anwendung der Gabe. Das heißt ganz konkret: Er kann schweigen. Dies gilt sowohl bei der Glossolalie als auch bei der Prophetie (V. 27-32).

h. Zusammenfassung

Paulus sagt nicht Ja oder Nein zu bestimmten Charismen. Paulus nimmt eine umfassende theologisch-geistliche Einbettung der Charismen vor, die dann ganz praktische Konsequenzen hat, zunächst für die innere Einstellung der unterschiedlich Begabten zueinander, aber auch für den ganz konkreten Gebrauch einzelner Charismen im Gottesdienst.

4. Zu den Gaben konkret

Ich gehe hier nur kurz auf die Gabenlisten in 1Kor 12 ein, insbesondere auf die erste in den Versen 8-10. Zur Prophetie, Glossolalie und Heilung folgt ein jeweils gesondertes Kapitel.

a. 1Kor 12,8-10

Diese erste Gabenliste in 1Kor 12 zeigt im Unterschied zu den anderen einige Besonderheiten. Ich gehe davon aus, dass Paulus in dieser Liste am stärksten auf die Situation in Korinth eingeht. Paulus nimmt die speziellen Herausforderungen der Gemeinde in Korinth auf und setzt in dieser ersten Liste eigene theologische Prioritäten.

Auf einige Punkte möchte ich in Auswahl eingehen.

1. Wort der Weisheit und Wort der Erkenntnis

In allen Gabenlisten stehen die Wortgaben am Anfang. Die Verkündigung des Evangeliums in vielfältiger Weise durch verschiedene Gaben und verschiedene Ämter ist die wichtigste Aufgabe der Gemeinde.

Die Formulierungen »Wort der Weisheit« und »Wort der Erkenntnis« sind einmalig innerhalb der Gabenlisten.

Was meint Paulus damit? Der Hintergrund für das Verständnis ist der Gebrauch von »Weisheit« und »Erkenntnis« im Alten Testament. Weisheit ist die Gestaltung des Lebens vom Glauben her. Erkenntnis ist vor allem die Erkenntnis Gottes und seiner Wege, das Verstehen von Inhalt und Bedeutung der Heilsgeschichte.

Übertragen wir dies auf die Gemeinde in Korinth, dann nehmen wir wahr, dass es dort eine ganze Reihe von Konflikten im Umgang miteinander gab; so etwa im Bereich der Sexualethik, der Abendmahlsgestaltung, Starke und Schwache in der Gemeinde, das Auftreten von Männern und Frauen im Gottesdienst, Prozessieren von Christen vor weltlichen Gerichten, Ehe und Ehelosigkeit. Für all diese Bereiche, die Paulus anspricht, braucht es Weisheit.

Aber auch im Blick auf die Erkenntnis des göttlichen Weges muss Paulus grundlegende Themen ansprechen und klären. So beginnt er den 1. Korintherbrief mit einer Abhandlung über die Bedeutung des Kreuzes (1Kor 1,18-31). Und im letzten inhaltlichen Kapitel spricht er ausführlich über die Auferstehung (1Kor 15).

Ich sehe in diesem einmaligen Vorkommen von Weisheit und Erkenntnis in einer Gabenliste und in ihrer Nennung ganz am Anfang einen sehr deutlichen und kritischen Hinweis. Paulus möchte den Korinthern sagen, was sie am dringendsten brauchen und welche Gaben ihnen eigentlich fehlen. Damit schwingt schon eine deutliche Kritik am Gebrauch der in Korinth so hoch gehandelten Gaben Glossolalie und Prophetie mit, ohne dass Paulus diese grundsätzlich ablehnt.

2. Glauben, Heilung und Kräfte

Paulus listet diese Gaben nur auf, ohne sie näher zu erklären. Es bleibt somit sehr unkonkret, was hier genau gemeint ist und wie sich diese Gaben äußern.

Diese Gaben kommen nur in den Gabenlisten in 1Kor 12 vor; »Glauben« nur in 1Kor 12,8-10.

»Glauben«: Damit ist gewiss nicht der Glaube an Jesus ganz grundsätzlich gemeint. Denn Glaube ist die Grundgabe und die Grundvoraussetzung bei jedem Christen. Es dürfte sich um ein besonders großes Maß an Vertrauen in einer ganz konkreten Situation handeln, das auch andere Gemeindeglieder, die in dieser Situation eher verzagt sind, mitnimmt und ihnen Horizonte für Gottes Handeln öffnet.

»Gaben der Heilungen«: (S. dazu in einem gesonderten Kapitel).

»Kraft, Wunder zu tun« (so die Lutherübersetzung) oder anders übersetzt »Kräfte zu Machttaten«: Manche Ausleger denken neben den Heilungen an Exorzismen, wie diese auch von Jesus parallel genannt werden. Aber die doppelte Mehrzahl dürfte darauf hinweisen, dass »Paulus an unterschiedliche Erscheinungen denkt. Es geht nicht nur um Exorzismen, sondern auch um die innere Kraft, Dinge anzupacken, die andere nicht für möglich halten.«[22]

3. Prophetie und Glossolalie

Prophetie und Glossolalie stehen am Ende. Das fällt insbesondere im Hinblick auf die Prophetie auf, die sonst in den Gabenlisten deutlich weiter vorne platziert ist. So auch in der zweiten Gabenliste in 1Kor 12,28-30. Indem Paulus die vermutlich in Korinth besonders hochgeschätzten Gaben Prophetie und Glossolalie an das Ende stellt, möchte er den Korinthern etwas sagen. Es geht ihm nicht um eine Abwertung, sondern um eine Einordnung. Paulus korrigiert die einseitige Überhöhung einzelner Gaben und auch der mit diesen Gaben Begabten.

Glossolalie findet sich ausschließlich in den Gabenlisten in 1Kor. Überhaupt wird sie nur in Markus, Apostelgeschichte und 1Kor erwähnt.

Was bedeutet es, dass diese Gabe nur in den Gabenlisten in 1Kor vorkommt? Es gibt zwei Möglichkeiten. Entweder war sie nicht in allen Gemeinden üblich (vielleicht nur in wenigen Gemeinden), oder es gab in anderen Gemeinden keine Probleme damit.

Da Glossolalie ausschließlich in Markus, Apostelgeschichte und 1Kor vorkommt, und dies eventuell in unterschiedlicher Form und Bedeutung, gehe ich davon aus, dass Glossolalie nicht in allen Gemeinden ausgeübt wurde. Hier bestätigt sich nochmals eine grundsätzliche Beobachtung: Paulus nimmt auf, was in der Gemeinde in Korinth an Gaben vorhanden war. Paulus sagt im Blick auf die Glossolalie nicht: So wie in Korinth muss es überall sein. Darin unterscheidet sich die Glossolalie von der prophetischen Rede.

Eine weitere Beobachtung ist für diese Gabenliste anzufügen. Sowohl der Gabe der Prophetie als auch der Gabe der Glossolalie

---

22 Klaiber, S. 196f.

ist gleichsam eine Kontrollgabe zugeordnet. Dies ist sonst nicht der Fall. Neben die Prophetie tritt die Unterscheidung der Geister, neben die Glossolalie die Auslegung bzw. Übersetzung derselben. Dies deckt sich mit den Ausführungen von Paulus in 1Kor 14. Die prophetische Rede soll beurteilt werden (1Kor 14,29); Glossolalie soll in der Gemeinde nur geübt werden, wenn sie übersetzt wird (1Kor 14,27).

b. 1Kor 12,28-30

Es ist auffallend zu beobachten, dass Paulus in 1Kor 12,28-20 eine zweite Gabenliste anfügt. Diese zweite Liste hat stärkere Parallelen zu den anderen Listen, nimmt aber auch Besonderheiten der ersten Liste in 1Kor 12,8-10 auf.

Am Anfang stehen wie in Eph 4,11 die Apostel, Propheten und Lehrer. Paulus versieht diese sogar mit einer Nummerierung (erstens, zweitens, drittens). Damit spricht er auch eine gewisse Wertigkeit für die Gemeinde aus. Für die Gaben nach den Lehrern gibt es diese Nummerierung nicht mehr.

Am Ende dieser Liste hebt Paulus durch die Fragen nochmals hervor, dass nicht jedes Gemeindeglied alle Gaben hat (1Kor 12,29-30). Dann verweist Paulus auf die Gabe, die jeder haben sollte: die Liebe.

KAPITEL 6:

Die Charismen in Römer 12

In der Diskussion um die Charismen haben wir in den letzten Jahrzehnten vor allem eine Konzentration auf 1Kor 12 erlebt. Dies hat seinen Grund darin, dass von manchen Kreisen die nur dort erwähnten Charismen Glossolalie und Heilung stark eingefordert werden, während andere gerade diesen Gaben zurückhaltend bis ablehnend gegenüberstehen. Da die Charismenliste in Röm 12 weniger spektakulär ist, steht sie eher im Hintergrund. Dennoch ist eine Beschäftigung mit dem Text lohnend.

1. Kontext

Die Gabenliste im Römerbrief steht im dritten Teil des Briefes (Röm 12-16)[23] an prominenter Stelle sofort nach den einleitenden Versen (Röm 12,1-2). In diesen geht es ganz grundsätzlich um das Leben als Gottesdienst. Dieses bedarf einer Erneuerung im umfassenden Sinn. Dann folgt der Abschnitt über die Gaben (Röm 12,3-8). Der Umgang mit den Gaben ist ein konkreter Ausdruck der Erneuerung. Von Röm 12,1-2 her sind die Gaben nicht nur auf den Gottesdienst bezogen, sondern umfassend gedacht. Der Umgang mit den Gaben ist Teil des Gottesdienstes im Alltag der Welt.

Dem Abschnitt über die Gaben folgt ein Abschnitt mit grundsätzlichen Weisungen, die zunächst auf das Miteinander der Christen bezogen sind (Röm 12,9-13.15-16) und sich danach der

---

23 Teil 1: Kapitel 1-8: dogmatischer Teil (die christliche Lehre); Teil 2: Kapitel 9-11: über Israel; Teil 3: ethischer/paränetischer Teil (das christliche Leben).

Verfolgungssituation zuwenden und das Thema Vergeltung ausführen (Röm 12,14.17-21).

Röm 12,9-21 beginnt mit der Aufforderung zur Liebe ohne Falsch. Ähnlich wie in 1Kor 12–14 gibt es im Kontext einen engen Bezug zwischen Gabenliste und Liebe. Dieser inne Bezug ist jedoch weniger deutlich als in 1Kor 12–14. Die Aufforderung zur Demut (V. 16) entspricht der Aufforderung, nicht höher von sich zu denken (Röm 12,3). Sie richtet sich grundsätzlich gegen ein Überheblichkeitsdenken. In Röm 12,3 ist dies insbesondere mit Blick auf die Gaben zu verstehen.

2. Röm 12,3-6a: Einleitung zur Gabenliste

Wie in 1Kor 12 gibt es eine Einleitung vor der Gabenliste. Aber diese ist bei Weitem nicht so umfassend und grundsätzlich wie in 1Kor 12. Auch daran wird deutlich, dass 1Kor 12–14 in eine kritische Situation hineingesprochen ist. Eine vergleichbare Situation lässt sich aus Röm 12 nicht erheben.

Vers 3: Paulus redet durch die Gnade, die ihm gegeben wurde. Damit ist Paulus ganz im Begriffsfeld der Charismen-Darstellung. Die Charismen entspringen der *charis* (Gnade), deshalb ist die zutreffende Übersetzung für *charisma* wie oben schon ausgeführt »Gnadengabe«, nicht »Geistesgabe«.

Paulus hat die Gabe, an die Gemeinden zu schreiben, u.a. über das Thema Charismen.

Gaben sind »gegeben«. Das Wort ist wie an vielen anderen Stellen ein göttliches Passiv (passivum divinum). Gott gibt die Gaben. Man kann Gaben erbitten, aber nicht erzwingen. Das gilt für alle Gaben. Dies macht insbesondere die zweite Gabenliste in 1Kor 12,28-30 deutlich.

Die Lehre von Paulus über die Gaben gilt für jeden. Paulus fordert jedes einzelne Gemeindeglied dazu auf, maßvoll von sich zu denken nach dem Maß des Glaubens. Diese Aufforderung gründet in der Tatsache, dass Gaben gegeben und nicht erworben und verdient sind. Jedes einzelne Gemeindeglied trägt mit seinen Gaben nur einen kleinen Teil zum Ganzen der Gemeinde und dem Gelingen des Gemeindelebens bei. Deshalb ist jeder Stolz und jede Überheblichkeit völlig fehl am Platz.

Vers 4: Das Bild von dem einen Leib mit den vielen Gliedern verwendet Paulus hier wie in 1 Kor 12. Auffallend ist erneut, dass die Ausführungen in 1 Kor 12 viel ausführlicher sind und vor allem der Abschnitt über die schwachen Glieder in Röm 12 fehlt.

Vers 5: Das Bild vom Leib unterstreicht die Zusammengehörigkeit aller Gemeindeglieder. Jeder braucht die anderen.

Vers 6a: Er schließt an Vers 3 an. Damit ist der einleitende Abschnitt durch diese beiden Verse gerahmt. Was für Paulus persönlich gilt (V. 3), gilt für alle Gemeindeglieder. Die Verschiedenheit der Gaben entspringt der göttlichen Gnade.

Es zeigt sich, dass Paulus die Gabenliste in ähnliche grundsätzliche Überlegungen einbettet wie in 1 Kor 12–14. Dies weist auf ein gewisses verbreitetes und grundsätzliches Themensetting – mindestens bei Paulus – bei der Lehre über die Gaben hin. Allerdings ist die Darstellung in 1 Kor 12–14 viel ausführlicher. Im Unterschied zum 1. Korintherbrief hat man in Römer nicht den Eindruck, dass ein Konflikt innerhalb der Gemeinde Grund für die Ausführungen ist.

3. Röm 12,6b-8: Charismenliste

Paulus nennt sieben Gaben. Auch hier findet sich wiederum ähnlich wie in 1 Kor 12 bei manchen Gaben keine weitere Präzisierung bzw. sie lässt sich aus dem Kontext oder aus Parallelen nicht erheben.

Grundsätzlich ist stilistisch auffallend, dass jeder Gabe eine kurze Bemerkung beigefügt ist.

Die ersten beiden Gaben sind durch das Nomen der Tätigkeit ausgedrückt, die anderen Gaben durch Partizipien. Dies könnte darauf hinweisen, dass die Ausformung von Ämtern, auch im Sinne von Berufen, noch sehr im Fluss war und es in der deutlichen Mehrzahl ehrenamtliche Dienste gab. Das Partizip steht in seiner grammatischen Bedeutung zwischen Verb und Adjektiv bzw. Nomen, bringt also Eigenschaft und Tätigkeit zum Ausdruck.

Vers 6b: »Prophetie«

Die Anmerkung dazu lautet, dass sie »dem Glauben gemäß« sein soll.

Dies kann zum einen bedeuten, dass sie nach dem Maß der Gabe des Einzelnen sein soll. Nicht jeder hat diese Gabe und nicht jeder hat sie in gleichem Maße. Auch hier ist das »Ja« zum persönlichen Maß gefragt.

Die andere mögliche Bedeutung: Der Inhalt der Prophetie ist an den grundsätzlichen Inhalten des Glaubens zu prüfen. Deshalb kann – wie in 1Kor 14,29 ausgeführt – die prophetische Rede geprüft werden. Prophetie kann der allgemein vorgegebenen Glaubenslehre nicht widersprechen, sonst muss ihr widersprochen werden. Das Wesen der Prophetie ist zu allen Zeiten begleitet vom Phänomen der falschen Prophetie und deshalb gehört die Prüfung dazu.

Vers 7a: »Amt«; »sei es ein Dienst: im Dienst«[24]

Mit *diakonia* ist vermutlich die ganze Bandbreite tätigen, helfenden Tuns beschrieben. Dies lässt sich nicht reduzieren auf einen Beruf. Aber es gibt auch schon früh in den Gemeinden Diakon bzw. Diakonin als feste Amtsbezeichnung (Röm 16,2; Phil 1,1; 1Tim 3,8). Allerdings lässt sich der Dienst der Diakone nicht grundsätzlich auf die Diakonie im heutigen Sinne eingrenzen.

---

24 Das erste Stichwort entspricht der Lutherübersetzung, die zweite Übersetzung ist dem Münchener Neuen Testament entnommen, so auch bei den weiteren Gaben.

Paulus betont die Wichtigkeit der Einstellung. Ein diakonischer Dienst soll wirklich auch so verstanden werden und in diakonischer Gesinnung ausgeführt werden.

Dass Paulus die Gabe mit demselben Wort nochmals präzisiert, findet sich auch bei den folgenden Gaben. Offensichtlich will Paulus damit unterstreichen: Nimm die dir gegebene Gabe an und übe sie treu aus.

Mit den ersten beiden Gaben beschreibt Paulus ähnlich wie Petrus in 1Petr 4,10-11 die zwei Grundgaben und Aufgaben der Gemeinde: Prophetie als Grundgabe der Verkündigung und Diakonie als Beschreibung der helfenden Tat. Im Unterschied zu 1Kor 12,28-30 und Eph 4,11 stellt er nicht alle Verkündigungsgaben an den Anfang der Liste.

Vers 7b: »Lehre«; »sei es der Lehrende: in der Lehre«

In der Lehre werden die Grundlagen des Glaubens entfaltet. Wer diese Gabe hat, soll lehren.

Die doppelte Betonung der Lehre dürfte hier vor allem an die inhaltliche Treue erinnern. Der Lehrer erfindet inhaltlich nichts Neues. In der Vermittlung darf er sich immer wieder neue, angemessene und verständliche Formen überlegen. Aber der Inhalt ist vorgegeben.

Die Gemeinde braucht die verschiedenen Formen der Verkündigung. Der einzelne Verkündiger deckt nicht alle Formen ab.

Vers 8a: »Ermahnung«; »sei es der Ermahnende: in der Ermahnung«

»Ermahnung« findet sich in keiner anderen Liste.

Das griechische Wort *paraklēsis* bedeutet nicht nur Ermahnung, sondern auch Trost, Zuspruch, Ermutigung. Es ist ein wichtiger seelsorgerlicher Dienst. Ermahnen bzw. ermutigen kann nicht jeder in gleicher Weise. Nicht jeder findet jeweils das richtige Wort.

Heute kann man den Bereich von Krisenmanagement oder Konfliktbewältigung unter diese Gabe fassen. Wer kann so ermutigen und ermahnen, dass eine Krise, ein Konflikt möglichst positiv ausgeht und nicht noch verschärft wird? In 1Kor 14,3 ist die *paraklēsis* Teil der prophetischen Rede. Ist diese Gabe heute im Blick? Gibt es nicht gerade im Bereich der Ermahnung ein starkes Defizit in Gemeinden?

Vers 8b: »gibt jemand«; »der Gebende: in Einfalt«
Im Blick auf Besitz und Geld gab und gibt es Unterschiede, auch in der Gemeinde. Kein politisches System hat es geschafft, eine absolute Gleichheit im Blick auf den Besitz herzustellen.

Es gibt Menschen, die mehr haben und deshalb finanziell oder mit anderen Gaben mehr geben können. Diese Gemeindeglieder dürfte Paulus hier vor allem im Blick haben. Paulus fügt allerdings zur äußeren Gabe eine innere Einstellung hinzu: »in Einfalt«. Dies bedeutet Geben ohne Hintergedanken, Nebenabsichten, Verrechnungsgedanken. Nach einem Wort von Jesus soll beim Geben »deine linke Hand nicht wissen, was die rechte tut« (Mt 6,3). Diese Einstellung gilt allerdings unabhängig von der Höhe der Gabe. Man kann wenig geben ohne Einfalt und man kann viel geben mit Einfalt.

Für Paulus ist die Möglichkeit zu geben ein Charisma. Das bedeutet ganz grundsätzlich, dass Besitz und Geld – egal ob viel oder wenig – von Gott anvertraute Gabe ist.

Gerade diese Gabe macht deutlich, dass Paulus bei den Gaben nicht nur an Gaben denkt, die durch den Glauben möglich werden, sondern auch die »natürlichen Gaben« miteinbezieht, das, was durch Erbe, Familie, Beruf gegeben ist.

Vers 8c: »steht jemand der Gemeinde vor«; »der Fürsorgende: in Eifer«
Angesprochen ist auf jeden Fall eine Leitungsaufgabe. Die Frage ist, ob Paulus an alle leitenden Dienste oder eingegrenzt an speziell diakonische Aufgaben denkt. Wie auch immer ist auch hier die Einstellung für Paulus wichtig: »in Eifer«. Eine Leitungsaufgabe bedeutet mehr Verantwortung und in der Regel mehr Einsatz. Wenn eine Leitungsaufgabe nicht richtig wahrgenommen wird, gibt es Unordnung und Unzufriedenheit.

Vers 8d: »übt jemand Barmherzigkeit«; »der sich Erbarmende: in Heiterkeit«

Abschließend geht es nochmals um die helfende Tat. Wieder fallen Einstellung und Handlung zusammen. Das Tun der Barmherzigkeit (dies kommt in der Lutherübersetzung stärker zum Ausdruck) entspringt der inneren Haltung des Erbarmens. Die Partizipform im griechischen Urtext verbindet eher beide Aspekte: Eigenschaft und Tat. Interessant ist die Präzisierung. Was man tut, soll man gerne und freudig tun (vgl. 2Kor 9,7). Damit wird nochmals deutlich, dass die Handlung der Einstellung entspringen soll. Eine pure Pflichterfüllung ist zu wenig. Ein Beispiel für diese Gabe ist der barmherzige Samariter im Gleichnis von Jesus (Lk 10,30-37).

4. Folgerungen

- Röm 12 enthält eine Gabenliste, die leider oft im Schatten von 1Kor 12 steht. Dies gilt vor allem im Blick auf die Gaben, die nur hier erwähnt sind.
- Wie können Gabenlisten vom selben Verfasser so unterschiedlich sein wie in Röm 12 und 1Kor 12? Oder muss man fragen: Wie unterschiedlich können Gemeinden sein bzw. welche Schwerpunkte können sich herauskristallisieren?
- Allerdings muss auch auf die Übereinstimmung verwiesen werden. Die Gaben der Verkündigung sind unverzichtbar. Sie fehlen in keiner Liste.
- Die Beobachtungen legen nahe, dass die Listen keinen Anspruch auf Vollkommenheit erheben. Sie sind in allen Fällen exemplarisch und bieten für die jeweilige Gemeinde eine wichtige Auswahl.
- Wichtiger als die Details der Charismen ist die Besprechung der theologischen Grundfragen. Dadurch bekommen die Gaben die richtige Einordnung.
- Die in Röm 12 aufgegriffenen Gaben sind übergreifender und grundsätzlicher. Sie betreffen das Gemeindeleben. Die in 1Kor 12 aufgezählten Gaben betreffen stärker den Gottesdienst.

- Die zwei Grundkategorien von 1Petr 4,10-11, Predigt und Diakonie, finden sich in Röm 12 wieder. Der diakonische Bereich tritt in 1Kor 12 zurück bzw. ist eher spezialisiert auf besondere Formen des Dienens wie z.B. die Heilung.

Noch einige grundsätzliche und praktische Anmerkungen zu den Gaben.

- Gaben kann man anwenden und dadurch pflegen oder man kann sie brachliegen lassen (vgl. Mt 25,24-30).
- Manche Gaben zeigen sich erst beim Tun und müssen deshalb auch ausprobiert werden.
- Gaben haben immer zu tun mit Aufgaben. Gaben sind nicht Selbstzweck. Deshalb gibt Gott zur Aufgabe die Gabe.
- Eine Gefahr der Gaben ist das Vergleichen und Werten. Daraus kann sowohl die Enttäuschung (über das, was einem nicht gegeben ist) als auch der Hochmut (über das, was einem gegeben ist) erwachsen.
- Wichtig ist der Rat von Petrus in 1Petr 4,10: Jeder soll mit seiner Gabe dienen.

Aus diesem Wort erwächst eine biografisch-seelsorgerliche Herausforderung. Jeder sollte ein Ja finden zu dem, was einem gegeben ist, und zu dem, was einem nicht gegeben ist. Das Ja zu dem, was einem nicht gegeben ist und was der andere hat, ist oft schwerer. Das Vergleichen sollte nicht dazu führen, dass man die eigene Gabe vernachlässigt.

KAPITEL 7:

Das Charisma der Prophetie

Das Thema »Prophetie« ist gesamtbiblisch gesehen ein »Großthema«, vor allem durch die hohe Bedeutung der Prophetie im Alten Testament. Den Schwerpunkt dieser Ausführung soll die Untersuchung des Charismas der Prophetie in den neutestamentlichen Gemeinden bilden. Aber dies ist nicht denkbar ohne Rückbezug auf das Alte Testament.

Zuvor noch ein Wort zur Terminologie. Da es deutliche Unterschiede zwischen den Propheten des Alten Testaments und den Propheten in den urchristlichen Gemeinden gibt und auch in beiden Testamenten unterschiedliche Aspekte der Prophetie genannt werden, verwende ich für die in der Urgemeinde auftretenden Propheten den Begriff »Gemeindepropheten« bzw. »Gemeindeprophetie«.

1. Grundlinien der Prophetie im Alten Testament[25]

Für die Darstellung und Zusammenfassung von Prophetie im Alten Testament möchte ich drei Aspekte unterscheiden: den personalen, den literarischen und den kanonischen Aspekt.

---
25 Ausführlich dazu: Schmid, »Prophetie im AT«, ders., »Der Anspruch des Wortes Gottes. Zum Wesen des Prophetischen im Alten Testament«, S. 173-187.

a. Der personale Aspekt: die Propheten

Über das gesamte Alte Testament verteilt ist von Personen die Rede, die Propheten genannt werden.[26] Im Blick auf diese Personen zeigen sich unterschiedliche Aspekte alttestamentlicher Prophetie, aber auch Verbindungslinien. Ich möchte einige dieser Personen aufgreifen, ihre prophetische Funktion kurz darstellen und Parallelen zum Neuen Testament benennen.

1. Abraham wird als Erster im Alten Testament »Prophet« genannt (1Mo 20,7). Dies geschieht im Zusammenhang mit dem Thema Fürbitte. Diese spielt bei Abraham auch in 1Mo 18,22-33 eine wichtige Rolle (Gebet für Sodom und Gomorra).

Die Fürbitte ist auch bei anderen Propheten ein wichtiges Thema (Mose, Samuel, Elia, Amos, Jeremia – um nur einige zu nennen).

Bei der Fürbitte der Propheten gibt es einen besonderen Aspekt, der schon bei Abraham deutlich wird. Gott offenbart Abraham, dass er Sodom und Gomorra auf ihre Sünde hin überprüfen möchte. Abraham ist klar, was dies bedeutet: Gericht. Daraufhin tut er Fürbitte. Die Fürbitte ist nur möglich, weil Gott Abraham offenbart hat, was er zu tun gedenkt. Wir finden hier eine Doppelstruktur des Wortes, wie es für die Propheten generell typisch ist. Weil Abraham aufgrund der göttlichen Offenbarung ein Mehrwissen hat, kann er Fürbitte tun.

Die Parallele im Neuen Testament ist die Nennung von Gebet und prophetischer Rede im selben Zusammenhang (1Kor 11,4-5) sowie die allgemeine Aufforderung zur Fürbitte in 1Tim 2,1-6.

2. Mose wird als bedeutendster Prophet des Alten Testaments bewertet (5Mo 34,10; 4Mo 12,7-8). Der Grund ist seine direkte Begegnung mit Gott und das direkte Reden Gottes zu Mose. Hier zeigt sich eine Parallele zu Abraham. Allerdings geschieht das

---

[26] Eine genauere Unterscheidung von »Seher«, »Mann Gottes« oder »Prophet« wird hier nicht vorgenommen.

Reden Gottes bei Mose in einer umfassenderen Weise. Er wird beauftragt, Israel aus Ägypten zu führen, und Gott offenbart ihm am Sinai seinen Willen. So ist Mose wie kein anderer verbunden mit der grundlegenden Heilstat Gottes an Israel und mit der Offenbarung vom Sinai. Mose ist der Mann der Tora. Er prägt einen großen Teil der fünf Bücher Mose und steht inhaltlich für Exodus und Sinai.

Die Propheten nach Mose stehen in seiner Tradition, insbesondere Elia, bei dem viele Parallelen zu Mose zu finden sind, bis hinein ins Neue Testament, wo berichtet wird, wie beide auf dem Berg der Verklärung Jesus erscheinen (Mt 17,3).

3. Im Alten Testament werden mehrere Prophetinnen erwähnt: Miriam, Deborah, die Frau Jesajas, Hulda. Während es keine Priesterinnen und Königinnen in Israel gab (die Ausnahmen waren nicht nach dem Willen Gottes), gab es Prophetinnen, und diese Tatsache wird an keiner Stelle problematisiert.

Miriam (2Mo 15,20) wird im Zusammenhang mit dem musikalischen Lob nach dem Durchzug durchs Schilfmeer Prophetin genannt. Musik spielt auch sonst bei Propheten immer wieder eine Rolle.[27]

Deborah (Ri 4,4) war Prophetin und Richterin und hatte damit eine in Israel hohe geistliche und politische Funktion inne.

Jesajas Frau wird »Prophetin« genannt (Jes 8,3). Über ihre Tätigkeit erfahren wir nichts Näheres.

Die Prophetin Hulda (2Kön 22,14) wirkte in der Zeit Jeremias und dürfte in ihrem Dienst vergleichbar sein mit den anderen Schriftpropheten.

Prophetisches Reden ist nach 1Kor 11,5 auch für Frauen im Gottesdienst möglich.

4. Es begegnen im Alten Testament zu verschiedenen Zeiten unterschiedliche Prophetengruppen.

In 4Mo 11,25 geraten die Ältesten in »Verzückung wie Pro-

---

27 Vgl. Ri 5,1; 1Sam 10,5; 2Kön 3,15; 1Chr 25,1-3; vgl. Eph 5,19; Kol 3,16.

pheten«. Hier begegnen wir einem ekstatischen Phänomen, das jedoch nicht näher beschrieben wird. Ähnliches finden wir in 1Sam 10,5-7 und 19,23-24 beschrieben. Allerdings gibt es solche Phänomene auch bei Propheten anderer Religionen (1Kön 18,29).

Die Prophetenjünger zur Zeit Elisas sind anders charakterisiert. Besonders deutlich tritt ihre Armut hervor, wodurch immer diese bedingt gewesen sein mag.[28]

Des Weiteren gab es Prophetengruppen im Umfeld des Königshofes (vgl. 1Kön 22,6).

5. Die Propheten begegnen als Gesuchte und Gesandte. In den Berichten des Alten Testaments überwiegt die Sendung der Propheten mit einem Verkündigungsauftrag Gottes (vgl. Jer 7,1-2).

Es kam aber auch vor, dass Propheten aufgesucht wurden mit einer konkreten Frage. So ging Saul mit seinem Knecht zu Samuel, als sie die Eselinnen suchten (1Sam 9,6). Jerobeams Frau befragte den Propheten Ahija wegen der Krankheit ihres Sohnes (1Kön 14,1-5). In diesem Zusammenhang ist auch von Geschenken an die Propheten die Rede. Während es bei der Befragung der Priester vor allem um den Kult und das Recht geht, wird der Prophet eher über persönliche Dinge befragt. Diese Art prophetischen Wirkens dürfte viel weiter verbreitet gewesen sein, als es das Alte Testament spiegelt. Die biblischen Texte konzentrieren sich auf die gesandten Propheten. Die Gesamtzahl der Propheten dürfte in Israel hoch gewesen sein.[29]

6. Der Prophet Samuel wirkt im Übergang von der Richter- zur Königszeit. Er ist der letzte Richter, allerdings mit starkem prophetischem Profil (1Sam 3). In der Königszeit ergibt sich eine neue Konstellation. Die Propheten werden zum kritischen (in positivem und negativem Sinn) Gegenüber der Könige. Propheten berufen Könige und setzten sie ab. Propheten geben Königen Verheißungen und überbringen ihnen Gerichtsworte. Durch die

---

28 Vgl. 2Kön 2,3.5.15; 4,1; 6,1; 9,1.4. Die Wendung »Prophetenjünger« kommt außer in Amos 7,14 nur im Zusammenhang mit den Prophetenjüngern um Elisa vor.
29 Man bedenke, dass Obadja hundert Propheten vor Isebel versteckt hat (1Kön 18,4).

Gegenüberstellung ergibt sich eine klare Ämterteilung. Die Propheten übermitteln das von Gott gerade auch für die Könige empfangene Wort. Die Könige erleben in der Regel im Unterschied zu den Vätern, Mose und den Richtern keine direkte Offenbarung von Gott. Gott redet zu ihnen über die Propheten.

Dies wird schon bei Samuel deutlich. Er beruft und salbt die ersten beiden Könige Saul und David und er verwirft Saul im Auftrag Gottes. Vor allem Saul begleitet er auf dessen Weg. Die kritische Begleitung der Könige spielt auch bei den Propheten nach Samuel eine wichtige Rolle.

7. Die Propheten Nathan und Gad begegnen in der biblischen Überlieferung ausschließlich im Umfeld des Königs. Bei Nathan treten die verschiedenen Bereiche des prophetischen Wirkens gegenüber dem König deutlich hervor. Er gibt David die Verheißung einer ewig dauernden Dynastie (2Sam 7), ruft David anlässlich seines Ehebruchs zur Buße (2Sam 12) und er ist sehr aktiv in der Berufung von Davids Nachfolger Salomo (1Kön 1).

Der Prophet Gad wird in 2Sam 24,11 als »Davids Seher« bezeichnet. Dies legt den Schluss nahe, dass er ein offizielles prophetisches Amt am Königshof Davids innehatte.

8. Bei den Propheten der Folgezeit tritt neben die Begleitung des Königs auch die Begleitung des Volkes.

Elia ist einerseits das Gegenüber zu König Ahab. Er ruft jedoch auch das ganze Volk zur Umkehr. Elia tritt im Nordreich Israel zur Zeit von dessen geistlichem Tiefpunkt auf. Unter den Königen Omri und Ahab sowie dessen Frau Isebel hatte sich das Königshaus für den Baalskult geöffnet. Die Jahwe-Propheten wurden dagegen verfolgt. Elia rief Israel zurück zu seinem Gott Jahwe.

9. Die Schriftpropheten begleiten Israel und Juda auf dem Weg der staatlichen Katastrophe. Das Ende der politischen Selbstständigkeit kam für Israel unter den Assyrern 722 v.Chr., für Juda unter den Babyloniern 587 v.Chr. Die Schriftpropheten deuten diese Katastrophen als Gericht, weil Israel und Juda ihren Gott

verlassen haben. Gott nimmt Israel seine Heilsgaben, wenn der Bund nicht gehalten wird. Gleichzeitig finden sich schon bei den Propheten dieser Zeit Verheißungen eines künftigen Heils. Neben anderen sind insbesondere die Verheißungen des Messias, des künftigen Friedenskönigs, zu nennen. Die früheren Verheißungen sind nicht aufgehoben, sie sind vertagt.

Mit den nachexilischen Propheten Haggai, Sacharja und Maleachi endet die Überlieferung der Propheten im Alten Testament.

Das Wirken der Propheten im Alten Testament war also zum einen ein sehr umfassendes, aber auch ein vielfältiges. Kann man bei allen Unterschieden einen roten Faden finden? Der rote Faden ist das »Wort des Herrn«. Das ist die Hauptlinie, die die allermeisten Propheten bei aller Verschiedenheit verbindet.

In Jer 18,18 wird folgende Zuordnung getroffen: »Dem Priester wird's nicht fehlen an Weisung (Tora) noch dem Weisen an Rat noch dem Propheten am Wort!« Dem Priester wird die Tora zugeordnet, die schriftliche Grundlage für den Glauben Israels, auf deren Basis der Priester lehren und raten kann. Der Weise hat den Rat, der auf der Glaubenserfahrung beruht, somit kann er auch raten, wenn keine schriftliche Tora vorliegt. Der Prophet hat das »Wort«, die direkte Inspiration durch Gott.

b. Der literarische Aspekt: Die Prophetenschriften

Im Alten Testament finden sich nicht nur Propheten und die Berichte über sie und ihre Worte, sondern auch prophetische Bücher. Beides ist nicht identisch.

Im Verständnis prophetischer Literatur unterscheiden sich die hebräische und die griechische Tradition.

Die auf die Septuaginta, die griechische Übersetzung des Alten Testaments, zurückgehende Anordnung der alttestamentlichen Bücher lautet Pentateuch (fünf Bücher Mose) – Geschichtsbücher – Schriften – Propheten. Diesem Aufbau sind die allermeisten Ausgaben des Alten Testaments gefolgt, auch die überwiegende Zahl der deutschsprachigen.

Das hebräische Alte Testament hat dagegen die Abfolge Tora (fünf Bücher Mose) – Propheten – Schriften.

In der Septuaginta stehen die geschichtlich erzählend orientierten Bücher zusammen in einer in etwa stimmigen historischen Reihenfolge: Mose – Josua – Richter – Rut – Samuel – Könige. Mit Chronik beginnt eine wiederholende Darstellung von Adam an, kürzer und mit dem Schwerpunkt auf dem davidischen Königshaus, dann folgen Esra – Nehemia – Esther.

Im hebräischen Kanon folgen auf die Tora die Prophetenschriften Josua – Richter – Samuel – König und die Schriftpropheten ohne Daniel. Die Bücher Rut, Chronik, Esra, Nehemia, Ester und Daniel stehen bei den Schriften. Der hebräische Kanon endet mit den Chronikbüchern.

Ich begrenze mich auf die Überlegung, was dies für das Verständnis prophetischer Literatur im hebräischen Kanon bedeutet.

Die geschichtlich erzählend orientierten Bücher Josua, Richter, Samuel und Könige sind für das hebräische Verständnis prophetische Schriften.[30] Sie werden im Judentum als vordere oder frühe Propheten bezeichnet, im Unterschied zu den Schriftpropheten, die als hintere oder späte Propheten bezeichnet werden.[31] Da die Verfasser dieser Bücher unbekannt sind, dürften sie aufgrund ihres Inhalts in diese Kategorie eingeordnet worden sein. Natürlich finden sich in diesen Büchern auch Berichte und Worte zahlreicher Propheten (Debora, Samuel, Nathan, Gad, Elia, Elisa ...), vor allem solcher aus der Richterzeit und der ersten Hälfte der Königszeit. Die Schriftpropheten datieren in die zweite Hälfte der Königszeit. Nur wenige Schriftpropheten werden in den frühen

---

[30] Wenn Jesus im Blick auf die Schrift (AT) vom Gesetz und den Propheten spricht, teilt er diese Auffassung (z.B. Mt 5,17; 22,40; Lk 16,16).
[31] In der hebräischen Kanon-Systematik (nachchristlich) ergibt sich das System von zweimal vier Propheten.
Vier frühe Propheten: Josua – Richter – Samuel – Könige: die Doppelbücher Samuel und Könige wurden ursprünglich als eine Schriftrolle geführt.
Vier späte Propheten: Jesaja – Jeremia – Hesekiel – Dodekapropheton (zwölf kleine Propheten, ohne Daniel).

Propheten erwähnt (z.B. Jesaja, Jeremia dagegen nicht). Warum werden aber die frühen Propheten überhaupt als prophetische Schriften verstanden? Der Grund dafür dürfte sein, dass Prophetie als umfassende Deutung der Geschichte im Lichte Gottes verstanden wird. Insofern sind diese Bücher prophetische Schriften, »Wort des Herrn«. Damit verbietet sich aber ein Prophetenverständnis, das Prophetie ausschließlich als zukunftsbezogenes Wort sieht. Prophetie deutet die Geschichte umfassend – Vergangenheit, Gegenwart, Zukunft. Dies gilt auch für die Schriftpropheten.[32] Weil die Gegenwart entsprechend ist und die Vergangenheit entsprechend war, wird auch die Zukunft entsprechend sein. Alttestamentliche Prophetie hat kein magisches Zukunftsverständnis, sondern ein ganzheitliches Geschichtsverständnis.

In literarischer Hinsicht sind nach dem hebräischen Prophetenverständnis über ein Drittel der alttestamentlichen Bücher Propheten-Bücher. Und die Erzählungen und Worte von Propheten in den anderen Schriften kommen noch hinzu.

c. Der kanonische Aspekt: das Wesen der Prophetie

Werfen wir vom Neuen Testament her einen Blick auf das Alte Testament, dann ergibt sich noch ein weiteres, umfassenderes Verständnis von Prophetie.

Dieses Verständnis setzt voraus, dass der hebräische Kanon zur Zeit der Abfassung des Neuen Testaments im Umfang abgeschlossen war und unserem Alten Testament ohne Apokryphen entspricht. Die Zählung der Bücher schwankte, da die Doppelwerke Samuel, Könige und Chronik ursprünglich als eine Schrift zählten und auch das Dodekapropheton teilweise als eine Schrift gezählt wurde und anderes. Auch in der Abfolge der Schriften gibt es für den zweiten und dritten Kanonteil (Propheten und Schriften) unterschiedliche Darstellungen.

---

32 Vgl. z.B. den Zusammenhang von Vergangenheit, Gegenwart und Zukunft in Amos 2,6 16.

Die Frage ist, wie im Neuen Testament über diese im Umfang feste Sammlung von Schriften gesprochen wird. Dafür gibt es mehrere Wendungen.

Auf die Wendung »Gesetz (Tora) und Propheten« sind wir schon gestoßen. Meint sie in dieser zweigliedrigen Form nun nur den Kanonteil Tora und Propheten, wobei die Schriften kategorisch ausgeblendet sind, oder meint diese zweigliedrige Form das ganze Alte Testament inklusive der Schriften? Ich gehe von Letzterem aus. Eine Begründung dafür ist das Vorkommen der Wendung in der Bergpredigt (Mt 5,17). Für die Bergpredigt spielt Ps 1 inhaltlich und strukturell eine große Rolle. Es ist kaum anzunehmen, dass dieser Psalm bei der Beschreibung des Alten Testaments nicht mit eingeschlossen sein sollte. Bei der dreigliedrigen Wendung »Gesetz, Propheten und Psalmen« in Lk 24,44 dürften die Psalmen für die Gesamtheit der Schriften im Kanon stehen. Der Ausdruck »die Schriften« in Lk 24,45 beschreibt wohl das Alte Testament insgesamt.

Nach 2Tim 3,16 ist »alle Schrift« von Gottes Geist inspiriert.[33] Wichtig ist, dass diese Aussage für die ganze Schrift gilt, auch wenn in diesem Text das Wortfeld »Prophetie« nicht ausdrücklich erwähnt wird. In eine ähnliche Richtung weist 2Petr 1,20-21. Dort ist vom »prophetischen Wort« die Rede und es wird festgestellt, »dass keine Weissagung (griechisch *prophēteia*) in der Schrift aus eigener Auslegung geschieht …, sondern getrieben vom heiligen Geist haben Menschen im Namen Gottes geredet«. »Weissagung« und »Schrift« werden sehr allgemein und umfassend verwendet und die Aussage lässt sich gewiss nicht auf die Prophetenschriften des Alten Testaments beschränken.

In Hebr 1,1 wird festgehalten, dass »Gott vorzeiten vielfach und auf vielerlei Weise geredet hat zu den Vätern durch die Propheten«. Dieser Vers benennt die oben ausgeführten unterschiedlichen Aspekte prophetischen Redens.

Was folgt daraus? Das Alte Testament, die Schrift, dürfte als

---

33 Das griechische *theopneustos* ist schwer mit einem Wort wiederzugeben. Die Begriffe *theos*, Gott, und *pneuma*, Geist, sind darin enthalten.

Ganzes als prophetisches Wort verstanden worden sein, weil Gott durch die ganze Schrift redet, weil die ganze Schrift *theopneustos* ist. Das prophetische Wort ist Offenbarung des göttlichen Wortes. Diese Sicht vom Neuen rückwärts auf das Alte Testament sollte allerdings nicht dazu führen, dass das »vielfach und auf vielerlei Weise« undifferenziert eingeebnet wird.

An dieser Stelle gibt es noch Klärungsbedarf. Wenn wir aufgrund der genannten Stellen vom Neuen Testament aus sagen können: »Das Alte Testament ist Gottes Wort«, muss dieses Verständnis präzisiert werden. Es finden sich im Alten Testament viele direkte Worte Gottes gerade auch von Propheten mit der Formulierung: »So spricht der Herr.« Aber was ist mit Worten von Menschen oder gar von Verführern? Ist das Wort der Schlange im Garten Eden oder das Wort von Hiobs Frau, »Sage Gott ab und stirb« (Hiob 2,9), auch Gottes Wort? Hier gilt es zu unterscheiden. Diese Worte sind nicht direkt Gottes Wort. Gott hat sie nicht geredet. Aber sie werden im Zusammenhang des Ganzen zu einem Wort Gottes an die späteren Hörer und Leser. Das heißt, dass gerade bei Worten von Menschen der Zusammenhang für die Auslegung wichtig ist. Eine Trennung in Gotteswort und Menschenwort bei der Auslegung ist nicht möglich. Wenn dies geschieht, bleibt die Festlegung, was Gotteswort ist, immer subjektiv. Die Bibel ist ganz Gotteswort und ganz Menschenwort – untrennbar. Sie ist ganz Wort des Propheten und ganz Wort Gottes.

Weil dem so ist, sind auch der individuelle Stil und die Persönlichkeit nicht ausgeschaltet, sondern von Gott in Dienst genommen.

Die Identität von Menschenwort und Gotteswort zeigt sich u.a. an manchen Überschriften der Prophetenbücher. In Jer 1,1-2 heißt es: »Worte Jeremias ... zu dem geschah das Wort des HERRN«. Jeremia hat diese Worte gesprochen, formuliert. Aber dahinter steht ein Geschehen: das Wort des Herrn. Hos 1,1 beginnt mit der Wendung »Wort des HERRN«. Damit wird der Anspruch erhoben, dass das ganze Prophetenbuch »Wort des HERRN« ist, wiewohl Hosea diese Worte gesprochen hat. Das Hoseabuch ist Wort

Gottes im Sinne der Offenbarung und Inspiration für alle Hörer und Leser.

2. Grundlinien zum Charisma der Gemeindeprophetie im Neuen Testament in Kontinuität und Diskontinuität zur alttestamentlichen Prophetie

a. Das Wortfeld »Prophetie« im Neuen Testament

Vorkommen[34]:
- Prophet *(prophētēs)* erscheint im Neuen Testament 144-mal insgesamt, davon 86-mal in den Evangelien, 30-mal in der Apostelgeschichte, 14-mal bei Paulus. In den Evangelien und der Apostelgeschichte beziehen sich die meisten Stellen auf Propheten des Alten Testaments. Einige Stellen in der Apostelgeschichte beziehen sich auf Gemeindepropheten.
- Prophetin *(prophētis)* findet sich zweimal: Hanna (Lk 2,36) und Isebel (Offb 2,20, eine falsche Prophetin). In der Gemeinde reden Frauen prophetisch (Apg 2,17-18f; 21,9; 1Kor 11,5), aber der Titel »Prophetin« wird für sie nicht verwendet.
- prophetisch reden/prophezeien/weissagen *(prophēteuein)*: von 28-mal im Neuen Testament elfmal bei Paulus
- Prophetie *(prophēteia)*: von 19-mal im Neuen Testament neunmal bei Paulus (fünfmal 1Kor 12-14) und siebenmal in der Offenbarung

Auswertung:
1. Die Aussagen zur Gemeindeprophetie sind sehr überschaubar. Im Unterschied zum Alten Testament hat Prophetie im Neuen Testament eine deutlich geringere Bedeutung; sie ist kein zentrales Thema im Neuen Testament.

---
34 Vgl. Friedrich, S. 829-831.

2. Die Verteilung ist sehr ungleich in den Paulusbriefen und insgesamt im Blick auf die Briefliteratur. Möglicherweise lässt sich daraus auf eine gewisse Breite im Prophetenverständnis schließen, analog zum Alten Testament. Es ist denkbar, dass das Begriffsfeld sowohl im Blick auf die Häufigkeit als auch im Blick auf seine inhaltliche Füllung in verschiedenen Gemeinden unterschiedlich verwendet wurde.

b. Der kanonische Aspekt der Prophetie im Neuen Testament: Die Bedeutung von Jesus und den Aposteln

Wer von den Propheten des Alten Testaments sofort zu den Gemeindepropheten geht und hier vor allem die Kontinuität betont, lässt einen entscheidenden Zwischenschritt aus, nämlich eine Untersuchung des Wesens der Prophetie unabhängig vom Wortfeld. Der direkte Sprung von den alttestamentlichen Propheten zu den Gemeindepropheten ist zwar durchaus verständlich, weil man durch eine reine Untersuchung des Wortfelds »Prophetie« nicht zu diesem Zwischenschritt kommt. Doch er ist unablässig und daran wird deutlich, dass die Untersuchung des Wortfeldes allein nicht ausreicht.

1. Jesus als die Erfüllung und Personifizierung der Prophetie[35]

Fragen wir, was der alttestamentlichen Prophetie dem Wesen nach im Neuen Testament am ehesten entspricht, dann kommen wir an der Person Jesus Christus nicht vorbei. Dazu ein paar Beobachtungen.

Wir haben oben festgestellt, dass das Wesen der alttestamentlichen Prophetie mit dem Begriff »Wort« (hebräisch *dawar*) umschrieben wird. Das »Wort« ist das Element der Offenbarung. Wenn nun Johannes Jesus als »Wort« charakterisiert (Joh 1,1-5.14), dann geschieht dies nicht nur im Rückbezug auf das Schöpfungswort in 1Mo 1, sondern auch in Anknüpfung an das Wort

---

35 Vgl. dazu Hahn/Klein, Die frühchristliche Prophetie, S. 53-59.

der Propheten als Offenbarung des göttlichen Wortes. Im Bezug zur alttestamentlichen Prophetie gibt es jedoch nicht einfach nur eine Analogie, sondern eine Steigerung. Während die Propheten im Alten Testament das Wort in den Mund gelegt bekamen (5Mo 18,18; 1Kön 17,24; Jer 1,9), ist Jesus das Wort in Person. Wenn das Wort für die Offenbarung steht, dann ist Jesus die personifizierte Offenbarung (Joh 1,18). Mit Jesus werden nicht einzelne Worte offenbart, sondern die Offenbarung ist Mensch geworden: »Das Wort ward Fleisch« (Joh 1,14). Damit erfüllt Jesus die Prophetie des Alten Testaments und vollendet sie (Mt 5,17).

Dies wird bestätigt durch Hebräer 1,1-2. Dem Wirken der Propheten im Alten Testament werden nicht die Apostel und Propheten des Neuen Testaments gegenübergestellt, sondern allein das Reden Gottes durch den Sohn. Damit liegt die eigentliche Entsprechung im Hinblick auf das Wesen der Prophetie zwischen den alttestamentlichen Propheten und Jesus. Sie sind unter heilsgeschichtlicher Perspektive zuerst und vor allem zu vergleichen.

Jesus wird nicht selten als Prophet bezeichnet.[36] Gelegentlich wird auch die kritische Frage gestellt, ob er ein Prophet sein könne (Lk 7,39). Bei dieser Frage steht immer auch die Verheißung aus 5Mo 18,15 im Hintergrund: Ein Prophet in Entsprechung zu Mose, dem bedeutendsten Propheten des Alten Testaments, wird erwartet. Aus diesem Hintergrund heraus stellt sich sowohl an Johannes den Täufer (Joh 1,21) als auch an Jesus die Frage, ob er ein bzw. *der* Prophet sei (Mt 16,14). Dass sich in Jesus die Verheißung aus 5Mo 18,15 endgültig und endzeitlich erfüllt, zeigt sich an der Szene auf dem Berg der Verklärung (Mt 17,1-9). Zum einen begegnen Jesus Mose und Elia, die beiden großen Propheten des Alten Testaments, die die Tora und die Propheten repräsentieren. Zum andern zeigt das Gotteswort über Jesus: »Dies ist mein lieber Sohn, an dem ich Wohlgefallen habe, den sollt ihr hören!« (Mt 1,5), im Schlussteil »den sollt ihr hören« eine deutliche Parallele zu 5Mo 18,15. Dass Jesus der neue Mose und damit *der* Prophet in Erfüllung von 5Mo 18,15 ist, zeigt sich auch daran, dass Jesus

---

36 Mt 21,11.46; Mk 6,15; Lk 6,14; 7,16; Joh 4,19; 6,14; 7,40.

in messianischer Vollmacht z.B. in der Bergpredigt die Tora des Mose neu auslegt.

Auf eine weitere Parallele zwischen Jesus und den Propheten des Alten Testaments ist zu verweisen. Die Propheten waren weithin Prediger, Verkündiger des Wortes Gottes. Ihre soziale Stellung war sehr unterschiedlich. Jedenfalls waren sie nicht im Besitz der königlichen Macht. Jesus beginnt seine Tätigkeit als Prediger, indem er durch Israel, vor allem durch Galiläa, zieht und Gottes Wort verkündigt. Wie etliche Propheten des Alten Testaments ruft er zur Umkehr zu Gott. Deutlich stärker als bei den alttestamentlichen Propheten kommt bei Jesus der Aspekt des Heilens hinzu (vgl. Mt 4,17.23-24). Wie die Propheten des Alten Testaments verzichtet Jesus auf äußerliche, königliche Macht.[37]

2. Die Bedeutung der Apostel

Fragen wir nach weiteren Entsprechungen im Neuen Testament zu den Propheten des Alten Testaments, so sind die Apostel zu nennen. Dies ist insofern auffallend, als es terminologisch keine Entsprechungen gibt.

Wie ist diese Parallele zu begründen?

Es gibt im Neuen Testament keine Schriften von Gemeindepropheten. Das Neue Testament enthält die Evangelien und die Apostelgeschichte und Briefe, die überwiegend von Aposteln verfasst wurden. Im Unterschied zum Alten Testament werden die Briefe nicht mit prophetischer, sondern wenn, dann mit apostolischer Vollmacht begründet.[38] Ganz deutlich wird die Entsprechung von Propheten und Aposteln an der Offenbarung des Johannes: Sie wird bezeichnet als »Apokalypse« (Offb 1,1) und als »Worte der Prophetie« (Offb 1,3). Aber es ist klar, dass der Verfasser ein Apostel und kein Gemeindeprophet ist. Dem großen

---

37 Auch der von Jesaja beschriebene Gottesknecht hat als ersten Schwerpunkt die Predigt, als zweiten Leiden und Sterben, erst dann Auferstehung und Macht (vgl. Jes 42,1-9; 49,1-6; 50,4-9; 52,13-53,12).
38 Vgl. Röm 1,1; 1Kor 1,1; 2Kor 1,1; Gal 1,1; Eph 1,1; Kol 1,1; 1Ti 1,1; 2Ti 1,1; Tit 1,1; 1Petr 1,1; 2Petr 1,1.

Anteil prophetischer Literatur im Alten Testament entspricht im Neuen Testament der hohe Anteil apostolischer Literatur.

Eine weitere Parallele besteht darin, dass die Apostel eine direkte Berufung durch Jesus erfahren haben, ähnlich der direkten Berufung der Propheten im Alten Testament. Außerdem hat Gott im Alten Testament direkt zu den Propheten geredet, wie er dies zu den Aposteln im Neuen Testament durch Jesus tat. Otto Betz formuliert dazu: »Die Apostel Jesu Christi standen in der Tradition der atl. Propheten ... die Apostel waren demnach die Propheten der messianischen Zeit.« Weiter führt er aus, wie sich Paulus mit den alttestamentlichen Propheten vergleicht.[39]

3. Was ist ein Apostel?

An dieser Stelle müssen wir klären, was ein Apostel nach dem Neuen Testament ist.

In der engsten Definition entsprechen die Apostel dem Kreis der zwölf Jünger (vgl. Mt 10,2; Mk 6,7; Lk 6,13; Offb 21,14). Zum Apostolat dieser engsten Gruppe um Jesus gehört die direkte Berufung und Sendung durch Jesus.

Dieselben Kriterien finden sich bei der Nachwahl des zwölften Apostels nach dem Ausscheiden von Judas (Apg 1,15-26). Es geht bei dieser Wahl um ein Apostelamt (*apostolēs*, V. 25) und der zu Wählende muss Zeuge sein von der Taufe des Johannes bis zur Auferstehung von Jesus (V. 22). Der geloste Matthias wird den anderen elf Aposteln zugeordnet (V. 26). Demnach liegt in der Augenzeugenschaft von Jesus das entscheidende Kriterium für das Verständnis der Apostel.

Paulus hat unter den Aposteln eine Sonderstellung. Aber er bezeichnet sich eindeutig als Apostel, vor allem in den Briefeingängen. Wenn er noch andere Mitarbeiter nennt, dann nennt er nur sich Apostel, die anderen nicht (1Kor 1,1; 2Kor 1,1; Gal 1,1; Kol 1,1). Er kann auch auf den Titel verzichten und wählt dann einen anderen Begriff für sich und seinen Mitarbeiter (Phil 1,1).

---

39 Betz, S. 1240.

Paulus versteht seine Berufung vor Damaskus als persönliche Begegnung mit dem auferstandenen Jesus und als Berufung zum Apostelamt. In 1Kor 9,1 nennt er sich Apostel und betont, dass er Jesus gesehen hat. In 1Kor 15,8-9 reiht er sich als Letzten in die Reihe derer ein, die Jesus als Auferstandenen gesehen haben. Die Wendung »zuletzt von allen« dürfte so zu verstehen sein, dass er sich in der Reihe der Auferstehungszeugen als Letzten versteht. Er bezeichnet sich als »unzeitige Geburt« und als »der geringste unter den Aposteln«. Paulus gehörte zur Generation der Augenzeugen von Jesus. Ob er den irdischen Jesus persönlich gesehen hat, muss offenbleiben. Aber er hatte nach seiner Berufung engsten Kontakt zu dessen Zeugen.

Es findet sich auch eine weiter gehende Verwendung des Begriffs Apostel. In 1Kor 12,5-7 werden die »Zwölf« und die »Apostel« unterschieden. In Apg 14,14 wird Barnabas, in Röm 16,7 werden Andronikus und Junias als Apostel bezeichnet. An diesen Stellen dürfte Apostel eher als technischer Begriff im Sinne von »Gesandter« gebraucht sein und nicht das grundlegende Amt des Zwölferkreises und Paulus meinen.

Fassen wir zusammen: Apostel, wenn es um das grundlegende Amt geht, sind im Neuen Testament die Augenzeugen, die mit Jesus als Jünger unterwegs waren und somit eine direkte Begegnung mit Jesus hatten. Somit ist dieses Amt dem Zwölferkreis als Augen- und Ohrenzeugen sowie Paulus vorbehalten (vgl. 1Joh 1,1-4). Nach dieser Generation bricht das Apostelamt ab. Aufgrund des neutestamentlichen Befundes gibt es das Apostelamt nach der ersten Generation nicht mehr.

4. Konsequenzen für den Kanon

Bedenken wir das Besprochene nochmals für die Kanonstruktur von Altem und Neuem Testament. Der Doppelstruktur von »Mose (Tora) und Propheten« im Alten Testament entspricht im Neuen Testament die Doppelstruktur »Jesus (Evangelien) und Apostel« und eben nicht »Jesus und Propheten«.

Der erste Teil bildet die Grundlage der Offenbarung (Mose bzw. Tora und Jesus bzw. Evangelien). Dann folgt die Auslegung und Anwendung in die konkrete Situation (Propheten und apostolische Schriften). Die jeweils zweiten Teile – Propheten und Apostel – stehen nicht gegen die durch Mose bzw. Jesus gegebene Grundlage.

5. Die heilsgeschichtliche Bedeutung der alttestamentlichen Propheten
Heilsgeschichtlich betrachtet erfährt die alttestamentliche Prophetie keine identische christliche Wiederholung. So wie die Tora ihre Zeit hat, so hat die alttestamentliche Prophetie ihre Zeit. Die neutestamentliche Gemeinde kann und soll von den Propheten des Alten Testaments lernen, aber ihre Zeit ist je eine eigene.

Jesus bedeutet eine starke Zäsur. Nach Jesus ist nicht wie vor Jesus. Dies gilt auch für das Wesen der Prophetie.

c. Die Bedeutung der Gemeindepropheten für die Urgemeinde neben den Aposteln

Die Weitergabe der Botschaft von Jesus als Augen- und Ohrenzeugen ist die grundlegende Aufgabe der Apostel. Dieser Auftrag ist einmalig und zeitlich mit der ersten Generation abgeschlossen. In diesem Sinne gibt es keine apostolische Sukzession.

Welche Aufgabe haben dann die Gemeindepropheten?

Zur Klärung dieser Frage hilft eine Beobachtung der Ämteraufzählungen und Charismenlisten. Wenn Apostel genannt werden, stehen diese grundsätzlich an erster Stelle (1Kor 12,28-29; Eph 2,20; 3,5; 4,11). Wenn auch Propheten genannt werden, stehen diese außer in 1Kor 12,8-10 an zweiter Stelle.[40] Werden keine Apostel, aber Propheten genannt, stehen diese an erster Stelle (Röm 12,6). Die Reihenfolge »Apostel und Propheten« in den Epheserstellen macht es unwahrscheinlich, dass hier mit Propheten die Propheten des Alten Testaments gemeint sind. Wie in 1Kor 12,28-29 ist an die Gemeindepropheten zu denken.

---

40 In 1Kor 12,28-29 wird bei den ersten drei Ämtern betont gezählt: »erstens Apostel, zweitens Propheten, drittens Lehrer«, danach hört die Zählung auf.

Was lässt sich daraus schließen? Das grundlegende Amt zur Weitergabe der Jesus-Botschaft ist das apostolische Amt. Der Auftrag ist die Weitergabe der ganzen Jesus-Botschaft, wie sich in der Summe der Briefliteratur zeigt. Da aber schon aufgrund der geringen Zahl der Apostel deren Dienst für die Versorgung der schnell wachsenden Gemeinden nicht ausreicht, treten an deren Seite die Gemeindepropheten. Ihr Auftrag dürfte derselbe gewesen sein: die umfassende Verkündigung der Jesus-Botschaft. Aber sie hatten dies zu tun auf der Grundlage der apostolischen Verkündigung. Die apostolische Verkündigung und Lehre in Wort und Schrift war die autoritative Grundlage für die Gemeinde.

Einen Sachverhalt müssen wir uns noch vor Augen halten. Die erste Generation hatte keine schriftliche Lehrgrundlage. Die Basis waren das Alte Testament und die mündliche Weitergabe der Jesus-Botschaft.[41] Auf dieser Basis galt es, Lehrentscheidungen für die entstehenden und wachsenden Gemeinden zu treffen. Wer hatte dafür die Vollmacht? An erster Stelle die Apostel, dann die Propheten und Lehrer. In diesem Sinne hatten die Propheten Anteil an der Grundlegung der Gemeinde.

Mit der Entstehung der Briefe und Evangelien und vor allem nach dem Abschluss eines verbindlichen Kanons ergab sich eine neue Situation.

Ich fasse zusammen: Gemeindeprophetie ist die Verkündigung der ganzen Botschaft von Jesus Christus auf der Basis der apostolischen Verkündigung.

---

41 Vgl. Joh 2,22: »Als er nun auferstanden war von den Toten, dachten seine Jünger daran, dass er dies gesagt hatte, und glaubten der Schrift und dem Wort, das Jesus gesagt hatte.« Hier wird sehr fein unterschieden zwischen der Schrift des Alten Testaments und der mündlichen Jesus-Verkündigung.

d. Die Bedeutung der Gemeindepropheten

Jetzt komme ich abschließend nach einem langen Vorlauf zur Frage nach den Gemeindepropheten im Sinne des von Paulus genannten Charismas.

1. Problemanzeige

Wir erfahren über die neutestamentlichen Gemeindepropheten wenig Konkretes. Die einzige Quelle für konkrete Hinweise ist die Apostelgeschichte.

Apg 11,28: Agabus prophezeit eine Hungersnot.
Apg 21,10: Agabus prophezeit die Bindung von Paulus.

Bei Agabus finden wir eindeutig die Vorhersage künftiger Ereignisse. Interessant sind die Reaktionen darauf. Agabus prophezeit lediglich, dass Paulus gebunden werden wird, wenn er nach Jerusalem geht. Die Gemeinde bittet Paulus daraufhin, nicht nach Jerusalem zu gehen. Paulus antwortet ihnen, dass er dennoch nach Jerusalem gehen werde, weil er grundsätzlich bereit sei, für Jesus zu sterben. Ein prophetisches Wort in Bezug auf die Zukunft ist das eine, der Umgang damit das andere.

Apg 21,9: Sieben Töchter des Philippus reden prophetisch. Wir erfahren nichts Näheres. War es Gebet, Musik und Lied, Predigt, Ermahnung, Tröstung, Vorhersage? Wir wissen es nicht.

Apg 13,1-3: Propheten und Lehrer werden genannt und namentlich aufgezählt. Es gab also in Gemeinden der Urgemeinde den Titel »Prophet« und »Lehrer«. Durch den Heiligen Geist wird ihnen klar, dass Paulus und Barnabas zur ersten Missionsreise gesandt werden sollen. Hier wirkt eine große Gruppe zusammen zur Berufung und Sendung von Mitarbeitern.

Apg 15,32: Judas und Silas werden Propheten genannt, wieder im Sinne eines Titels bzw. Amtes. Was wir von ihnen erfahren, ist sehr allgemein: Sie ermahnten und stärkten die Gemeinde.

2. Hört die Prophetie auf?

Tritt die Prophetie zugunsten der Schrift zurück? Das Entscheidende ist gesagt und liegt schriftlich vor. Statt des prophetischen Wortes steht jetzt die Schrift. Ist dem so?

Im Hinblick auf die Gemeindeprophetie gibt es auf jeden Fall eine Veränderung durch das Entstehen der neutestamentlichen Schriften und den Abschluss des neutestamentlichen Kanons.

Die Gemeindepropheten der Urgemeinde wirkten zusammen mit den Aposteln und legten mit diesen gemeinsam die Lehrgrundlage für die entstehenden Gemeinden.

Mit dem vorliegenden Neuen Testament bindet sich das Charisma der Verkündigung an die Schrift.

Wenn das prophetische Amt das grundlegende Amt der Verkündigung ist und bleibt, dann hört Prophetie nicht auf. Allerdings ist prophetische Rede mit dem vorliegenden Neuen Testament inhaltlich gebunden an die Schrift. Insofern die Schrift jedoch die Verkündigung nicht ersetzt, sondern deren Grundlage ist, geht Prophetie weiter, weil die Verkündigung weitergeht.

3. Prophetie als Inspiration

In manchen christlichen Kreisen, Denominationen und Traditionen wird Prophetie stark verbunden mit der direkten Inspiration in Analogie zum Alten Testament. Diese kann ganz unterschiedlich wahrgenommen werden. Durch einen Eindruck, durch eine innere Stimme, durch Bilder und Visionen.

Aus meiner Sicht ist dies eine Möglichkeit göttlichen Redens, die man bis heute als Prophetie bezeichnen kann. Aber es wird falsch und einseitig, wenn man Prophetie ausschließlich in dieser Weise versteht und definiert. Und es ist genauso falsch, wenn man Christen und Gemeinden, in denen diese Form prophetischen Wirkens nicht vorkommt, die Gabe der Prophetie gänzlich abspricht. Allein schon vom Neuen Testament her ist eine sich auf direkte Inspiration begrenzende Definition nicht möglich, weil dies die Texte nicht hergeben.

Legt man diese Definition zugrunde, verwechselt man das Wesen der Prophetie mit gewissen Phänomenen. Wenn das Wesen der Gemeindeprophetie die Verkündigung der Jesus-Botschaft in der ganzen Breite im Anschluss an die apostolische Verkündigung ist, dann hat der Inhalt Priorität und nicht die Form der Übermittlung. Dem einen wird innerlich klar, was er zu sagen hat, durchaus auch spontan, der andere muss sich gründlich und schriftlich vorbereiten – aber auch er redet prophetisch in der Verkündigung der apostolischen Botschaft.

In manchen Vorstellungen von Prophetie begegnet man einer Verbindung von Prophetie und Enthusiasmus. Auch dabei rückt wieder die äußere Erscheinung in den Vordergrund. Aber das Phänomen einer Äußerung ist nicht das Wesen der Sache. Auch in dieser Hinsicht machen die neutestamentlichen Texte – wie schon das Alte Testament – keine einseitige Erklärung möglich. Ob Prophetie in Nüchternheit oder Enthusiasmus geschieht, ist auch hier nicht die entscheidende Frage. Für die Deutung der Texte ist die eigene Erfahrung und Prägung ausschlaggebend. Je nachdem können die Texte gerade im Blick auf die Art und Weise der äußeren Phänomene sehr unterschiedlich verstanden werden.

Wenn es z.B. in Apg 13,2 heißt: »Als sie aber Gottesdienst hielten und fasteten, sprach der Heilige Geist« – wie ist das zu verstehen? Hat der Heilige Geist akustisch geredet? War es ein kurzes, spontanes Geschehen und mit einem Satz des Heiligen Geistes war alles klar? Oder fasst die Wendung »sprach der Heilige Geist« ein längeres Geschehen zusammen, mit Beten, Fasten, Beraten und am Ende steht bei den Beteiligten die innere Klarheit: Das ist der Wille Gottes und also hat es der Heilige Geist gesprochen? Ich halte letztere Interpretation für genauso möglich, weil wir in der Bibel des Öfteren Sätze finden, die ein Geschehen komprimiert zusammenfassen.[42]

---

42 Z.B. 1Mo 12,1-3: Waren es wirklich nur diese drei Sätze zwischen Gott und Abraham oder wird hier ein längeres Reden und Ringen zusammengefasst? 1Mo 22,1: »Nach diesen Geschichten versuchte Gott Abraham.« Welche Bezüge und Überlegungen enthält und verbirgt dieser Satz, die wir nicht explizit erfahren und über die wir auch nicht spekulieren sollen?

4. Der Aspekt der Prüfung

Es ist auffallend, dass gerade bei der Prophetie die Prüfung erwähnt wird. Diese gehört offensichtlich elementar zur prophetischen Rede.

1 Kor 12,10 dürfte die Gabe der »prophetischen Rede« und die Gabe, »die Geister zu unterscheiden«, als zusammengehörendes Paar zu verstehen sein, wie anschließend »mancherlei Zungenrede« und »die Gabe, sie auszulegen«.

1 Kor 14,29 enthält die Anweisung von Paulus: »Auch von den Propheten lasst zwei oder drei reden, und die andern lasst darüber urteilen.«

In Röm 12,6 schreibt Paulus: »Hat jemand prophetische Rede, so übe er sie dem Glauben gemäß.« Hier sind nicht wie in 1 Kor 12,10 und 14,29 andere Personen aus der Gemeinde genannt, sondern es wird das inhaltliche Kriterium angegeben: die Übereinstimmung mit dem Glauben an Jesus.

Am Ende der Bergpredigt in Mt 7,15-20 spricht Jesus sehr nüchtern von falschen Propheten. Woran kann man sie erkennen? An ihren Früchten. Dies dürfte im Zusammenhang der Bergpredigt der Lebenswandel im Gehorsam gegenüber Jesus sein.

Schon im Alten Testament geht es im Streit verschiedener Propheten um die Frage nach Kriterien für wahre oder falsche Prophetie. Jer 23,9-40 ist das ausführlichste Kapitel zu diesem Thema. Es nennt u.a. folgende Kriterien: Lebenswandel (Ethik); Erfüllung; Kontinuität zu früheren Propheten; Inhalt der Botschaft: Gericht und Heil oder nur Heil in der Verkündigung; Berufung und Sendung durch Gott; hat das Wort oder haben Träume die Priorität? Das Alte Testament lehrt, dass es das eine Kriterium nicht gibt. Und es lehrt auch, dass man gegebenenfalls warten muss, wessen Wort sich erfüllt und als wahr erweist (vgl. Jer 27-28).

Ein paar Überlegungen zu diesem Aspekt der Prophetie:

Der Aspekt der Prüfung gilt für alle Arten prophetischer Verkündigung. Sind sie in Übereinstimmung mit der apostolischen Lehre? Er ergibt sich jedoch vor allem dort, wo ein Wort in die aktuelle Situation hinein oder eine Vorhersage gemacht wird. Kann das Wort geprüft werden, dann kann es angenommen oder verworfen werden. Kann das Wort nicht an der apostolischen Lehre geprüft werden, dann ist die Frage, ob das Wort dem Geist des Evangeliums entspricht oder nicht, ob es Analogien dafür gibt oder nicht.[43] Wenn eine Prophetie aus meiner Sicht der apostolischen Lehre nicht eindeutig entspricht, ist es meine Entscheidung, ihr zu vertrauen oder nicht. Mein Vertrauen wird nicht erzwungen, nur weil jemand den Anspruch prophetischer Rede erhebt. Das Kriterium für den Hörer ist, dass er apostolische Lehre erkennt. Wir müssen damit rechnen und leben, dass bei der prophetischen Verkündigung, insofern nicht ein eindeutiger inhaltlicher Bezug zur apostolischen Lehre gegeben ist, ein Irrtum beim Redner und beim Hörer möglich ist.

Für die prophetische Rede, verstanden als Inspiration durch den Heiligen Geist, tut sich hier ein weiteres Problem auf. Wie lässt sich der Anspruch der Inspiration durch den Heiligen Geist verbinden mit Prüfung und damit letztlich auch Irrtum? Muss man nicht, wenn der Heilige Geist geredet hat, einfach nur gehorchen? Dies ist in manchen Gemeinden der Anspruch der Propheten. Es wird von einer Irrtumslosigkeit des Propheten ausgegangen.

Dieser Punkt entscheidet sich am Menschenbild. Sind auch Propheten noch Sünder, noch fehlbar, auch in ihrem Wort? Können sich eigenes und menschliches Denken und Fühlen einschleichen? Können sich Gottes Wort und Menschenwort vermischen? Solange dies der Fall ist, ist kein einziger Mensch und kein einziger Prophet vor Irrtum gefeit. Gerade deshalb bedarf es der Prüfung.

Dies bedeutet aufseiten des Propheten: Er darf sein Wort im Namen des Herrn ausrichten und er darf davon überzeugt sein; aber er darf keinen blinden Gehorsam fordern, der die individuelle und die gemeindliche Prüfung ausschließt. Dies bedeutet aufseiten der Gemeinde: Man soll die prophetische Rede hören; man

---

43 Ein Beispiel: Die immer wieder vorgetragene Prophetie, dass Deutschland vor einer Erweckung steht, kann ich dem Neuen Testament nicht entnehmen. Mein Auftrag ist es nicht, über eine kommende Erweckung zu diskutieren, mein Auftrag ist die Verkündigung des Evangeliums. Die Erweckung schenkt der Herr der Gemeinde, wo und wann er will.

soll sie prüfen und ein Ja oder Nein dazu sagen oder die Rede stehen lassen bis zur Erfüllung oder Nichterfüllung.

5. Das Amt des Propheten und das allgemeine Prophetentum[44]

Die Verwendung des Wortes »Prophet« in Verbindung mit bestimmten Personen und in Ämterlisten legt nahe, dass es den Titel für ein bestimmtes Amt in der Urgemeinde gab. Es waren Prediger und Wanderprediger, die zunächst mit den Aposteln bzw. in Abhängigkeit von der apostolischen Lehre die Grundlage für die Gemeinde schufen und verkündigten, später dann ohne die Apostel.

Bei Paulus in 1Kor 12 begegnen in der zweiten Charismenliste (1Kor 12,28-30) die Propheten als Amt. Dort fragt dann Paulus auch: »Sind alle Propheten?« Die Antwort im Sinne des Amtes lautet »nein«. Vom Neuen Testament her ist wieder sehr unpräzise, welche Kriterien zum Prophetenamt gehörten. Zu denken ist an folgende Aspekte: Berufung und Sendung durch Apostel, Propheten und/oder Gemeinde; Teilhabe an Leitung; eine gewisse geistliche Verantwortung für mehrere Gemeinden; evtl. Wanderprediger; ein zeitlicher Einsatz, der teilberufliche Dimensionen annimmt.

Die Anweisung in 1Kor 14,1: »Bemüht euch um die Gaben des Geistes, am meisten aber darum, dass ihr prophetisch redet«, dürfte nicht auf das Amt der Propheten bezogen sein, sondern ganz allgemein gelten. Nach Joel 3,1 und Apg 2,17-18 (vgl. 4Mo 11,29) ist der Geist der Prophetie über alle ausgegossen. Dies eröffnet die gottesdienstliche Perspektive in 1Kor 14. Jeder kann gemäß seiner Gabe einen Beitrag im Sinne prophetischer Rede einbringen, allerdings setzt er sich damit auch der Diskussion und der Prüfung aus.

---

44 Vgl. Betz, S. 1240.

6. Direkte und indirekte Prophetie

Damit möchte ich Folgendes unterscheiden: Die direkte Prophetie beruht auf einer eingegebenen Inspiration. Sie kann sich beziehen auf einzelne Menschen oder auf Gemeinden oder auf die Gesellschaft. Zu berücksichtigen ist dabei, was oben zur Inspiration und Prüfung ausgeführt wurde.

Die indirekte Prophetie ergibt sich ohne konkretes Wissen des Verkündigers (Propheten). Sie erweist sich daran, dass ein oder mehrere Hörer vom verkündigten Wort persönlich betroffen sind und den Eindruck haben, der Verkündiger habe nur für ihn oder sie gesprochen. Bei Rückfragen der Hörer an den Verkündiger ergibt sich oft die Situation, dass der Verkündiger gestehen muss, die Hörer gar nicht zu kennen. Ohne bewusstes Wissen hat der Heilige Geist bei der Vorbereitung und bei der Verkündigung gewirkt und Menschen angesprochen.

Im Sinne der indirekten Prophetie ist kein Verkündigungsdienst ohne prophetische Gabe möglich.

7. Prophetie als Wortamt

Prophetie gehört zu den Wortämtern wie Apostel, Lehrer und Evangelist. Entscheidend ist das Wort. Dies unterstreicht, welche hohe Bedeutung in der biblischen Tradition das Wort hat.

Gegenüber dem Wort haben Träume, Bilder und Visionen eine untergeordnete Bedeutung. Sie können unterstreichend zum Wort hinzutreten. In der Regel sind Träume, Bilder und Visionen ohne deutendes Wort nicht zu verstehen. Träume, Bilder und Visionen sind keine bessere Form der Inspiration, sondern eine andere, die zur Veranschaulichung beiträgt. Dies gilt sowohl für die Inspiration als auch für die Verkündigung.

8. Grundlegendes aus 1Kor 12–14

Paulus setzt sich in 1Kor 12 mit den Gaben ganz grundsätzlich auseinander, in 1Kor 14 speziell und ausführlich mit der Glossolalie und der Prophetie. Ein paar kurze Anmerkungen zu den Kapiteln:

Die Gaben der Glossolalie und der Prophetie dürften in Korinth eine besondere Betonung genossen haben. Deshalb setzt sich Paulus ausführlich damit auseinander. In der ersten Charismenliste in 1Kor 12,7-11 erfolgt gegen die Überordnung dieser Gaben ihre Einordnung. Paulus stellt Prophetie und Glossolalie an das Ende der Liste und Weisheit und Erkenntnis an den Anfang.[45]

In 1Kor 12,12-26 hebt Paulus mit dem Bild vom Leib die Bedeutung der verschiedenen Glieder und damit der verschiedenen Gaben für den einen Leib hervor. Der Leib braucht alle Gaben. Jedes Glied, jede Gabe, braucht das andere Glied bzw. die andere Gabe. Die Rede von den schwächsten Gliedern soll dem Hochmut besonders sichtbarer Gaben wehren.

1Kor 13 lehrt, dass ohne Liebe jede Gabe wertlos ist, auch Prophetie und Glossolalie. Nicht das Charisma macht das Charisma wertvoll, sondern die Liebe.

In 1Kor 14 betont Paulus ganz grundsätzlich den Vorzug der verständlichen Rede (prophetische Rede) vor der Glossolalie. Die Verständlichkeit der Verkündigung ist das Thema, das sich durch das Kapitel zieht.

Laut 1Kor 14,3 dient die prophetische Rede der Erbauung, Ermahnung und Tröstung. Dies erinnert stark an den Charakter der Predigt.

1Kor 14,23-25 betont den missionarischen Aspekt und damit wieder die Verständlichkeit. Die prophetische Rede wirkt nicht nur nach innen für die Gemeinde, sondern auch für die Ungläubigen.

Nach 1Kor 14,26.29-31 können alle prophetisch reden, wenn es zur Erbauung dient. Allerdings nennt Paulus Regeln dafür. Einer nach dem andern und nicht zu viele sollen reden. Ein Prophet kann auch schweigen und andere reden lassen. Und jeder, der prophetisch redet, setzt sich damit der Prüfung durch die Gemeinde aus.

1Kor 14,32-33 unterstreicht, dass der Geist der Prophetie vom Propheten kontrolliert wird. Deshalb kann es geordnet zugehen.

---

45 S. dazu in Kap. 5.

Hier herrschen keine Zwänge, die zur Unordnung führen. Die Begründung ist eine theologische: »Gott ist nicht ein Gott der Unordnung, sondern des Friedens.«

3. Eschatologie

Eschatologie meint die »Lehre von den letzten Dingen«. Dabei kann man die individuelle Eschatologie (Frage nach der Zukunft des einzelnen Menschen) und die universale Eschatologie (Frage nach der Zukunft der Welt) unterscheiden, ohne diese zu trennen, da es auch deutliche Berührungspunkte gibt (z.B. bei der Frage nach dem Gericht).

Nun gibt es bei diesem Thema Vertreter, die das Verständnis von Prophetie fast ganz auf die universale Eschatologie beziehen.[46] Wenn man in Gemeindekreisen gelegentlich hört: »Es fehlt am prophetischen Wort«, dann ist in der Regel die universale Eschatologie gemeint. Es gibt – so deren Auffassung – zu wenig Lehre im Blick auf die Eschatologie und die daraus resultierenden Konsequenzen.

Nun steht außer Zweifel, dass Eschatologie ein biblisches Thema ist. Jesus spricht darüber (z.B. Mt 24–25), in den Briefen ist sie immer wieder ein Thema (z.B. 1Kor 15; 1Thess 4,13–5,18; 2Petr 3). Und natürlich ist die Offenbarung zu nennen. Aber es ist biblisch unzutreffend, Prophetie auf Eschatologie einzuengen. Das biblische Verständnis ist ein viel weiteres.

An dieser Stelle nur ein kurzes Wort zum letzten Buch der Bibel, der Offenbarung des Johannes. Dieses Buch wird in Off 1,1 eingeführt als »Apokalypse Jesu Christi«. In Off 1,3 heißt es: »Selig ist, der da liest und die da hören die Worte der Weissagung (*pro-*

---

[46] Fruchtenbaums Buch mit dem Titel »Handbuch der biblischen Prophetie« erweckt den Eindruck, dass es um eine umfassende Darstellung der biblischen Prophetie in ihrer geschichtlichen Differenzierung und unter verschiedenen Aspekten geht. Schaut man dann auf den Inhalt, so geht es im Wesentlichen um »Die große Trübsal«, die der Wiederkunft Jesu vorausgeht, und »Das tausendjährige Reich«, das der Wiederkunft Jesu folgt. Hier liegt eine deutliche Eingrenzung der Prophetie auf die Eschatologie vor.

pheteia).« Wer aber nun einfach einen Ablauf der Ereignisse bis zum Ende erwartet, der wird sich täuschen. Freilich geht es auch um künftige Ereignisse. Aus meiner Sicht werden diese vor allem ab der Wiederkunft Jesu linear und verständlich dargestellt. Die Zeit davor, die Zeit der Gemeinde Jesu, ist in ihrem genauen Ablauf jedoch schwer zu fassen.[47] Aber darum geht es eben nicht nur. In den sieben Sendschreiben (Offb 2–3) visitiert Jesus sieben Gemeinden. Ähnlich wie bei den alttestamentlichen Propheten geht es um eine Bestandsaufnahme der Gegenwart. Und dann geht es um das Wesen Gottes und des Lammes und es geht um das Wesen der Geschichte und der Kräfte, die in ihr wirksam sind. Es geht um die Frage, was dies für die Gemeinde bedeutet. Und es wird dargestellt, wer bei allem irdischen Durcheinander die Fäden in der Hand hält: der erhöhte Herr. Die Offenbarung hat in dieser Darstellung des Wesens der Geschichte ihre Vorläufer in der alttestamentlichen Prophetie und vor allem in Daniel.

4. Zusammenfassung

Die Frage unserer Untersuchung ist das Charisma der Prophetie in der Gemeinde bzw. ist die Frage nach den Gemeindepropheten. Das Thema Prophetie erweist sich in gesamtbiblischer Perspektive als ein sehr breites. Die Untersuchung des Alten Testaments hat eine Breite von Aspekten aufgezeigt, aber auch eine Bündelung der Aspekte in der Bedeutung des Wortes.

Wir haben dann die Frage nach der Prophetie im Neuen Testament gestellt und festgestellt, dass die primäre Entsprechung der alttestamentlichen Prophetie im Neuen Testament bei Jesus und den Aposteln liegt.

Was sind dann die Gemeindepropheten und was ist ihre Aufgabe? Nach meiner Auffassung ist es die Verkündigung der ganzen Jesus-Botschaft auf der Basis der apostolischen Lehre (Jesus und die Apostel), später auch der apostolischen Schriften und

---

47 Die zahlreichen Fehlinterpretationen unterstreichen diesen Tatbestand.

des gesamten Kanons. Dabei können die Erscheinungsformen unterschiedlich sein (Spontanität und Begeisterung oder eher Nüchternheit) – das ist nicht das Wesen der Prophetie. Zuweilen können thematische Schwerpunkte gesetzt werden, z.B. die persönliche Zukunft oder die Zukunft der Welt, aber das ist nicht das Ganze der Prophetie.

Wer Maß nimmt am Inhalt des Neuen Testaments in möglichst umfassender Weise, hat den Inhalt der Prophetie am besten getroffen. Und wenn es gelingt, diesen Inhalt verständlich in der Gegenwart zu verkündigen, dann ist der Geist der Prophetie lebendig.

Kapitel 8:

Das Charisma der Glossolalie

In den bisherigen Ausführungen sind wir beim Fremdwort »Glossolalie« geblieben, um keine einseitige Festlegung vor einer gründlichen Beschäftigung vorzunehmen.

1. Vorkommen in der Bibel

Das Alte Testament nennt im Zusammenhang mit Prophetengruppen ekstatische Phänomene (4Mo 11,25; 1Sam 10,5-6; 19,23; 1Kön 18,29), ohne dass diese näher beschrieben werden. Ob dabei auch Glossolalie vorkam, kann anhand dieser Stellen nicht festgestellt werden.

Im Neuen Testament beschränkt sich die Erwähnung von Glossolalie auf wenige Stellen: Mk 16,17; Apg 2,4; 10,45; 19,6 und 1Kor 12–14.

Der gesamtbiblische Befund ist somit im Unterschied zu Prophetie und Heilung sehr schmal. Dies muss bei der Gewichtung der Bedeutung der Glossolalie mitberücksichtigt werden.

2. Übersetzung

Das zugrunde liegende griechische Wort *glossa* bedeutet »Zunge« und »Sprache«.

Die Frage ist, was damit jeweils präzise gemeint ist. Geht es um ein Sprechen in fremden menschlichen Sprachen, die die Sprecher zuvor nicht kannten, also um das, was man als »Sprachenrede« bezeichnet? Oder geht es nicht um fremde Sprachen, sondern um eine andere Form von menschlichen Äußerungen, die man dann mit »Zungenrede« wiedergeben kann? Oder kann es beides meinen? Die Meinungen der Ausleger gehen vor allem in der Deutung von 1Kor 12–14 auseinander.[48]

3. Markus und Apostelgeschichte

a. Mk 16,17

Mk 16,17 ist der einzige Text in den Evangelien, in dem die Glossolalie explizit erwähnt ist: »Sie werden in neuen *glossais* sprechen.« Auffallend ist der Plural »Sprachen«. Am naheliegendsten ist die Deutung auf die Ereignisse an Pfingsten. Die Jünger sprachen in verschiedenen Sprachen (Plural). Und sie sprachen in für sie neuen Sprachen, die sie vorher nicht beherrscht haben. Die Verheißung von Jesus erfüllte sich somit schon kurze Zeit später.

Für diese Deutung spricht auch der Zusammenhang. Unmittelbar voraus geht der Missionsbefehl, die Sendung der Jünger in die ganze Welt. Das Evangelium soll der ganzen Schöpfung verkündigt werden. Da es im Evangelium um eine Botschaft geht, muss diese verstanden werden. Dies ist nur möglich, wenn es in der jeweiligen Sprache der Hörer geschieht.

Außer dieser Stelle finden sich in den Evangelien keine Hinweise auf und keine Lehre der Glossolalie.

---

48 Entsprechend verwende ich »Sprachenrede« für ein Reden in anderen menschlichen Sprachen; »Zungenrede« für ein für andere Menschen in der Regel unverständliches Reden nicht in menschlichen Sprachen.
»Glossolalie« verwende ich, wenn es um das Gemeinte insgesamt geht ohne Festlegung auf »Sprache« oder »Zunge«. »Glossolalie« ist ein aus den griechischen Wörtern *glossa* (»Zunge« und/oder »Sprache«) und *lalein* (»reden«) zusammengesetztes Wort.

b. Apg 2,4.8.11

Es geht an Pfingsten ganz eindeutig um verschiedene Sprachen, in Vers 8 steht »Dialekte«. Menschen aus verschiedenen Nationen, die unterschiedliche Sprachen sprechen und verstehen, hören und verstehen das verkündigte Evangelium in ihrer Sprache (V. 11). Das Evangelium als Botschaft muss zuerst in menschlicher Sprache hörbar und verstehbar sein. Erst dann ergibt sich die Möglichkeit der innerlichen Bejahung und Aneignung dieser Botschaft im Glauben. Die Verständlichkeit und Verstehbarkeit des Evangeliums ist in der Missionssituation ein ganz entscheidendes Kriterium. In der verständlichen Predigt des Evangeliums sieht Petrus die Erfüllung der Verheißung der prophetischen Rede von Joel 4,1-5 (Apg 2,16-21). Damit geht es Petrus in der Auslegung von Joel 4,1-5 nicht um Zungenrede, sondern um prophetische Rede im Sinne der verständlichen Predigt des Evangeliums. Das Ziel ist, dass die Hörer dieser Predigt zum Glauben an Jesus kommen.

An Pfingsten reden Menschen in einer Sprache, die sie bisher nicht beherrscht haben. Dadurch verstehen Menschen anderer Nationen und Sprachen das Evangelium in ihrer Sprache. So wird deutlich, um was es an Pfingsten geht: Die Botschaft von Jesus soll für alle Sprachen und damit für alle Menschen verstehbar und verständlich sein. Damit ist Pfingsten der Start für die Mission und die Erfüllung des Missionsbefehls.

Wie ist das Sprachenwunder an Pfingsten für die Zeit der Mission zu verstehen? Wird sich das Wunder ständig wiederholen oder ist Pfingsten ein Zeichen für den bleibenden Auftrag der Gemeinde? Ein Zeichen ist ein einmaliges Ereignis, das jedoch eine inhaltlich bleibende Bedeutung hat. Das Sprachenwunder hat sich in dieser Weise nicht ständig wiederholt. Aber die Botschaft und die damit verbundene Aufgabe des zeichenhaften Geschehens sind klar. Das Evangelium muss verstehbar verkündigt werden. Was bedeutet das praktisch? Unzählige Missionare haben Sprachen gelernt, um Menschen in anderen Ländern mit anderen Sprachen das Evangelium zu verkündigen. Die Bibel wurde in sehr viele Sprachen übersetzt, damit Menschen die Bibel in ihrer Sprache lesen können. Die Frage der Verständlichkeit stellt sich jedoch nicht nur im Blick auf andere Sprachen. Sie stellt sich für die Verkündigung ganz grundsätzlich. Verstehen Menschen ohne christliche Erziehung und entsprechenden Hintergrund die Verkündigung oder ist es für sie die »Sprache Kanaans«? Sind unsere Gottesdienste, Predigten, Lieder ... verständlich? Dies sind herausfordernde Fragen der Sprachenrede an Pfingsten, unabhängig von der speziellen Gabe der Glossolalie.

c. Apg 10,46; 19,6

Diese Stellen sind in der Deutung weniger eindeutig. Liest man die Texte jedoch von den vorausgehenden eindeutigen Stellen Mk 16 und Apg 2 her, so ist als naheliegendste Deutung auch hier an Sprachenrede zu denken.

Ähnlich wie in Apg 2 geht es um zwei wichtige heilsgeschichtliche Ereignisse.

Apg 10 markiert den Übergang der Evangeliumsverkündigung zu den Heiden. Nach der Predigt des Petrus im Hause des Kornelius in Cäsarea fiel der Heilige Geist auf alle Zuhörer (nach V. 27 »viele«). Die mit Petrus gekommenen Juden waren erstaunt, dass auch auf die »Heiden« – man kann auch übersetzen »Völker« oder »Nationen« – der Heilige Geist kam. Die Folge bzw. Wirkung war, dass sie in Sprachen redeten. Die Verwendung der Pluralform »Heiden« bzw. »Nationen« legt nahe, dass unter den Gästen des Kornelius Menschen verschiedener Nationalität waren. Als Antwort auf das Gehörte und in der Wirkung des Heiligen Geistes preisen sie Gott in ihrer jeweiligen Sprache.

In Apg 19,1-7 kommen Jünger, die auf die Taufe des Johannes getauft waren, zum Glauben an Jesus und lassen sich auf Jesus taufen. Die Taufe verbindet sich mit der Gabe des Heiligen Geistes. Daraufhin reden sie in Sprachen und reden prophetisch. Auch hier ist die Deutung nicht von der Hand zu weisen, dass sie in ihrer jeweiligen Sprache (eine genaue Zusammensetzung der Anwesenden im Blick auf die Nationalitäten wird nicht ausgeführt) über den neuen Glauben sprechen.

d. Zusammenfassung

Alle Stellen in Markus und Apostelgeschichte lassen sich als Reden in menschlichen Sprachen verstehen und somit als »Reden in Sprachen« übersetzen. Dabei handelt es sich um die eigene Muttersprache oder um eine nicht erlernte Fremdsprache.

Die Rede in Sprachen ist für alle oder einen Teil der Anwesenden verständlich. Von der Notwendigkeit einer Übersetzung erfahren wir nichts.

An allen Stellen erfolgt eine Präzisierung der Sprachenrede. Petrus interpretiert die Sprachenrede als prophetische Rede in der Erfüllung von Joel 4. In Apg 10,46 und 19,6 erweist sich die Sprachenrede inhaltlich als »Gott preisen« bzw. »prophetisch reden«.

Sprachenrede umfasst in diesen Texten Beten und prophetisches Reden in unterschiedlichen menschlichen Sprachen, um das Evangelium für die Nationen verständlich zu bezeugen.

4. 1Kor 12–14

An keiner Stelle beschäftigt sich Paulus und das ganze Neue Testament ausführlicher mit dem Thema der Glossolalie als im 1. Korintherbrief, vor allem in Kapitel 14. Gleichzeitig ist es die einzige Stelle zum Thema in der gesamten Briefliteratur des Neuen Testaments.

Was in diesen Kapiteln konkret gemeint ist, Zungen- oder Sprachenrede, ist unter Auslegern sehr umstritten.[49]

a. 1Kor 12

Zunächst geht es in 1Kor 12,10.28.30 um die Nennung der Gabe im Rahmen zweier Gabenlisten. Die Gabenlisten sind nicht identisch (s. Kap. 5). Allerdings steht die Glossolalie zusammen mit deren Auslegung bzw. Übersetzung in beiden Listen am Ende.
Einige Beobachtungen am Text:
In Kapitel 12,10.28 steht *genē glossōn*, am ehesten wohl zu übersetzen mit »Arten von Sprachen/Zungen«. Beide Begriffe stehen im Plural. Sind damit verschiedene menschliche Sprachen wie in Apg 2 gemeint oder ein breiteres mögliches Spektrum an Zungen- und Sprachenrede?
In Kapitel 12,30 wird gleichsam in einer Wiederholung der zweiten Gabenliste die rhetorische Frage gestellt: »Sind alle ... bzw. können alle ...?« Die zu erwartende Antwort lautet jeweils nein. Somit ist die Gabe der Glossolalie keine Gabe, die alle haben bzw. haben müssen. Die Glossolalie ist somit auch kein grundsätzlicher Ausweis für die Begabung mit dem Heiligen Geist, wie gelegentlich gelehrt wird.

---

[49] Klaiber, S. 198, sieht darin »eine Art des Sprechens bezeichnet, in der Menschen unter Ausschaltung des Verstandes Laute, Silben und Worte artikulieren, die für andere unverständlich sind«. Es sei ein »ganz unmittelbares Reden mit Gott. Sie gilt als ›Sprache der Engel‹«.
Schottroff, S. 266-270, geht auch für 1Kor 12-14 von einem Reden in der Muttersprache aus. Sie übersetzt 1Kor 12,10: »Andere bekommen die Fähigkeit, in ihrer Muttersprache mit Gott zu sprechen, und wieder andere können sie übersetzen« (S. 243).
Schnabel, S. 717-719, sieht für die Auslegung mit Fremdsprachen (Xenolalie) in der Tradition der alten Kirche und der Reformatoren die »plausibelsten Argumente«, schließt aber die Interpretation als »Sprache der Engel« nicht grundsätzlich aus.

b. 1Kor 13

In Kapitel 13,1 spricht Paulus vom Reden in »Sprachen/Zungen der Menschen und der Engel«. Sehr oft werden die »Sprachen/Zungen der Menschen« als Rede in verständlichen, aber fremden Sprachen gedeutet[50], die »Sprachen/Zungen der Engel« auf die Zungenrede.[51]

Dies ist jedoch keineswegs eindeutig, da der Vergleich zwischen Glossolalie und Engelssprachen an keiner anderen biblischen Stelle gezogen wird. Wir haben es hier mit einer einmaligen biblischen Aussage zu tun.

Andere Deutungsmöglichkeiten sollten mit erwogen werden. Verstehen eventuell die Korinther, die die Glossolalie offensichtlich sehr hoch schätzten, diese als eine Engelsprache? Oder formuliert Paulus einen bewussten Irrealis im Sinne von: Selbst wenn ich die Sprache der Engel reden könnte – ich kann es aber nicht –, wäre dies ohne Liebe nichts nütze? Die Erfahrung des Paulus, die er in 2Kor 12,4 schildert, sollte mitbedacht werden. Paulus, entrückt ins Paradies, hörte Worte, die kein Mensch reden kann. Und noch eine Beobachtung ist wichtig. Wenn die biblischen Berichte von Begegnungen von Engeln mit Menschen berichten, sind die Gespräche immer verständlich und brauchen keinen Übersetzer. Träume bedürfen in der Regel der Deutung, Engelworte nicht.

1Kor 13,8-10 schließt die glossolalische Rede als besondere, himmlische und vollkommene Form der Rede aus. Dies gilt sowohl im Blick auf Sprachen- und Zungenrede der Menschen als auch im Blick auf die Engelssprache bzw. -zungen. Paulus betont, dass die Gaben prophetische Rede, Erkenntnis (an zweiter Stelle in der Gabenliste in 1Kor 12,8) und Glossolalie aufhören werden. Wann? Wenn das Vollkommene kommt. Davor ist alles menschliche Tun »Stückwerk«. Dies gilt auch für alle Charismen. Mit den

---

50 Vgl. Schnabel, S. 758. Klaiber, S. 211, denkt eher an rhetorische Künste.
51 Vgl. Schnabel, S. 758; Klaiber, S. 211.

Charismen – obwohl sie von Gott gegeben sind – verbinden sich die Grenze der menschlichen Erkenntnis und die Begrenzung durch die Menschlichkeit der Begabten.

Was aber ist mit dem Ausdruck »das Vollkommene« gemeint?[52] Nicht selten wird es auf den Abschluss des neutestamentlichen Kanons bezogen. Dann wird gefolgert, dass die genannten Charismen in der im Neuen Testament beschriebenen Weise nicht mehr vorkommen. Aus meiner Sicht gibt es dafür keinen exegetisch begründeten Hinweis. Ich sehe damit auch keinen Beleg für die Annahme, dass die Charismen oder bestimmte Charismen mit der Gabe des Kanons einfach aufhören. Die Gemeinde aller Zeiten braucht zur Verkündigung des Evangeliums und zum Bau der Gemeinde Charismen.

Das »Vollkommene« (griechisch *teleios*, auch mit »Ziel« oder »Ende« übersetzbar) bezieht sich nach meinem Verständnis auf die Wiederkunft Jesu. Sie ist die nächste größte und einschneidenste Zäsur der Geschichte. Sie bringt auch für die Gemeinde und nicht zuletzt für die Bedeutung der Charismen eine gravierende Veränderung mit sich.

Paulus redet über die Vorläufigkeit der Charismen mit erstaunlich scharfen Worten[53], die deren Vorläufigkeit betonen. Was aber bleibt, wenn die Charismen aufhören? Die Antwort gibt Paulus in Vers 13: Es bleiben Glaube, Hoffnung und Liebe. Wo der Einsatz von Charismen, wo die Einschätzung bzw. Hochschätzung von Charismen Glaube, Hoffnung und Liebe gefährden oder verdrängen, ist der Umgang mit den Charismen zu korrigieren. Die Frucht des Geistes (Gal 5,22) ist ein Korrektiv für den Umgang mit den Gaben.

---

52 Vgl. dazu ausführlich Schnabel, S. 773–777.
53 »Zunichtewerden« – »aufhören« – »zunichtewerden«, so die Übersetzung von Klaiber zu V. 8 (Klaiber, S. 211).

c. 1Kor 14

Nach den grundsätzlichen Überlegungen von Paulus in 1Kor 12–13 geht es in 1Kor 14 um die ganz praktische Frage des Umgangs mit den Charismen. Dabei geht Paulus fast ausschließlich auf die Charismen der Glossolalie und der prophetischen Rede ein.

14,2: Wer in Zungen/Sprachen redet, redet für Gott und nicht für Menschen, da er nicht verstanden wird. Dies gilt zunächst unabhängig davon, ob hier an Zungen- oder an Sprachenrede zu denken ist, da die Übersetzung an dieser Stelle nicht thematisiert wird. Ausleger, die auch in 1Kor 12–14 von Sprachenrede ausgehen[54], begründen dies damit, dass in der Hafenstadt Korinth Menschen aus vielen Nationen lebten, die in ihrer persönlichen Frömmigkeit selbstverständlich in ihrer Sprache beten durften, aber nicht im Gottesdienst (ohne Übersetzung).

14,3-6: Immer wieder aufs Neue betont Paulus das entscheidende Kriterium für die Rede im Gottesdienst. Sie muss verstanden werden! Deshalb ist die prophetische Rede für den Gottesdienst wichtiger als die Glossolalie. Es sei denn, die Glossolalie wird übersetzt. Während Paulus in 1Kor 12 keinen Unterschied zwischen den verschiedenen Begabungen macht und sogar die unanständigen Glieder am Leib besonders hervorhebt (1Kor 12,22-25), betont er in der Funktion für den Gottesdienst die Bedeutung der prophetischen Rede als wichtigste Gabe. Allerdings gibt es bei der Glossolalie eine Ausnahme, nämlich wenn sie übersetzt[55] wird.

14,7-19: Erneut geht es um die Verständlichkeit der Rede im Gottesdienst. Paulus wählt dazu einen Vergleich. Unterschiedliche Instrumente werden am unterschiedlichen Klang erkannt. Ein Posaunensignal im Krieg muss klar sein, sonst hat es nicht die gewünschte Folge. Genauso muss die Rede im Gottesdienst verständlich sein.

---

54 So z.B. Schottroff.
55 Die Übersetzungen schwanken zwischen »auslegen« und »übersetzen«.

Dies hat für Paulus ganz konkrete Folgen:
1. Derjenige, der glossolalisch redet, soll beten, dass er es auch übersetzen kann (V. 13).
2. »Geist« und »Verstand« werden einander gegenübergestellt (V. 15-16). Klaiber versteht unter den Äußerungen durch den »Geist« eine »besondere Form der Ekstase«[56]. Der im Geist Redende verstehe selbst nicht, was es bedeute, und könne es deshalb auch nicht verständlich machen.[57] Meines Erachtens ist auch an dieser Stelle eine breitere Auslegung möglich, die die von Klaiber vorgetragene Erklärung nicht ausschließt. Die Wendung »mein Geist« (V. 13) bezieht sich nicht auf den Heiligen Geist, sondern auf den Geist des Menschen.[58] Hier bedeutet es die individuelle Ausdrucksweise des Menschen. Er betet und äußert seinen Glauben auf seine Art, in seiner Sprache, in Zungen. Hier dürfte die Spontaneität eine große Rolle spielen. Dass der Betroffene selbst dies nicht versteht, geht nicht zwingend aus dem Text hervor. Die Übersetzung muss nicht für ihn geschehen (außer bei der Zungenrede), sondern für die Gemeinde. Die Äußerungen »im Verstand« sind inhaltlich nicht anders als die Äußerungen »im Geist«. Ihr Kriterium ist die Verständlichkeit. Die Rede im Verstand ist bewusst verständlich für alle und damit für die Gemeinde gestaltet. Dies schließt ein überlegtes Reden in geordneten Gedanken ein. Ich möchte an dieser Stelle eine Konsequenz ansprechen. Immer wieder begegnet man der Meinung, dass ein Zeichen für das Wirken des Heiligen Geistes die spontane (und nicht vorbereitete) Rede sei. Diese Verse von Paulus widersprechen dieser Meinung. Das Kriterium bei Paulus ist nicht vorbereitet oder spontan, sondern verständlich.
3. Das Ziel der Rede in der Gemeinde ist die Erbauung (V. 17). Erbauung ist das Kennzeichen prophetischer Rede (V. 3). Erbaut kann man nur werden, wenn man die Rede versteht. Nur wenn man die Rede oder das Lied versteht, kann man dazu »Amen« sagen.

---

56 Klaiber, S. 224.
57 Vgl. Klaiber, S. 224; Schnabel, S. 806.
58 Vgl. Schnabel, S. 807.

4. Der zusammenfassende Abschlussvergleich bei Paulus ist eindeutig und bezieht sich wieder auf die Gemeindeversammlung. Fünf Worte mit dem Verstand bilden einen verständlichen Satz. Er ist wertvoller als zehntausend unverständliche Worte.

14,20-25: Dieser Abschnitt ist nicht leicht zu deuten, zumal die beiden Teile Verse 20-22 und Verse 23-25 im Blick auf die Zielpersonen durchaus als Widerspruch aufgefasst werden können. Paulus nimmt einen neuen Gesichtspunkt auf, indem er der Wirkung von Glossolalie und prophetischer Rede auf Ungläubige nachgeht.

Zunächst jedoch ermahnt er die Gemeindeglieder, dass sie im Blick auf das »Verstehen« nicht Kinder sein sollen. Waren Verstand und Verstehen in Korinth gering geachtet oder gar ausgeblendet im Umgang mit Glaubensfragen? Zählte vor allem das spontane Wirken des Geistes? Dann macht Paulus hier deutlich, dass der Heilige Geist den Verstand nicht ausschließt, sondern in sein Wirken einbezieht.

Eine weitere Frage ergibt sich aus diesem Abschnitt. Wurde in Korinth die Meinung vertreten, dass Glossolalie eine besonders einladende Wirkung auf Ungläubige habe? Wenn dem so war – wir wissen es nicht –, dann widerspricht Paulus dieser Meinung in beiden Teilen des Abschnitts. Er tut dies zunächst mit einem Zitat aus Jes 28,11-12. Das Reden zu Israel in fremden Sprachen meint im Kontext von Jesaja keine Zungenrede, sondern die assyrische Sprache der Eroberer zur Zeit Jesajas. Das Gericht durch Eroberer mit unverständlicher fremder Sprache hat Israel nicht dazu gebracht, auf Gott zu hören. Glossolalie als unverständliche Sprache bringt Ungläubige nicht zum Hören und Glauben. Und damit dient sie nicht dem, was das Evangelium möchte.[59] Diese Einschätzung deckt sich mit Vers 23. Kommen Ungläubige in den Gottesdienst und werden Zeugen von Zungenrede, die nicht übersetzt wird, halten sie dann die Zungenredner nicht für verrückt? Auch hier kommt es nicht zu Einsicht und Glauben.

---

59 Anders verhält es sich, wenn es Übersetzung gibt. Dies thematisiert Paulus in diesem Abschnitt jedoch nicht.

Anders schätzt Paulus dagegen die prophetische Rede ein. Sie hat sowohl für die Glaubenden als auch für die Ungläubigen eine positive Bedeutung. Die Glaubenden werden erbaut und die Unglaubenden werden von ihrer Sünde überführt und loben Gott. Nicht durch beeindruckende, aber unverständliche Ereignisse und Äußerungen, sondern durch die verständliche prophetische Rede kommen Menschen zum Glauben.

14,26-28: Zum Abschluss des Themas Glossolalie benennt Paulus ein klares Ziel und stellt deshalb klare Regeln auf. Das Ziel ist die Erbauung. Ob Paulus alle Einzelargumente zur prophetischen Rede und Glossolalie aufgeführt hat, sei dahingestellt. Aber er nennt ein Kriterium, an dem alles Geschehen im Gottesdienst letztlich zu messen ist: die Erbauung aller. Um dieses Ziel zu erreichen, nennt er folgende Regeln: Es sollen höchstens zwei oder drei glossolalisch reden, und zwar nacheinander. Damit lehnt Paulus parallele glossolalische Rede ab. Dann soll die Übersetzung folgen. Ist kein Übersetzer da, soll im Gottesdienst keine Glossolalie stattfinden.

14,32-33: Die Aufforderung, unter gewissen Umständen zu schweigen (V. 28.30), die sowohl für Glossolalie als auch für prophetische Rede gilt, macht deutlich, dass die Charismatiker nach Paulus nicht die Beherrschung über sich verlieren. Die Ausübung der Gabe erfolgt nicht zwanghaft und unkontrolliert.

d. Die psychische Komponente

Bei einzelnen Gaben, bei denen ohne Zweifel auch die Emotionen eine starke Rolle spielen – und dies ist bei der Zungenrede und auch bei einem bestimmten Verständnis von Prophetie (als innere Eingebung) der Fall –, spielt auch der psychische Aspekt bzw. die Frage der Persönlichkeit keine unwichtige Rolle. Von der Voraussetzung und Prägung der Persönlichkeit her liegen – was die menschliche Seite anbetrifft – diese Äußerungen nicht jeder

Person in gleicher Weise. Natürlich hat dies auch zu tun mit der Ausprägung der Frömmigkeit durch Erziehung und Gemeinde.

Im Bereich der Emotionalität sind Phänomene auch psychisch erzeugbar. Und oft sind Wirken des Geistes und Wirken des Menschen nicht so einfach zu trennen. Nicht ohne Grund weist Paulus zu Beginn des Themas darauf hin, dass es die Korinther früher mit Macht zu den stummen Götzen zog. Ekstase, Begeisterung, Zungenrede, Formen von Prophetie gibt es auch im Heidentum und in nicht christlichen Religionen.

Aus diesem Grund braucht es in Korinth gerade für die Gaben der Glossolalie und der Prophetie begleitende Gaben wie Übersetzung und Unterscheidung der Geister bzw. die Prüfung durch die Gemeinde.

5. Zusammenfassung

Glossolalie ist in der Bibel ein insgesamt selten erwähntes Phänomen. Wir finden bei Jesus und auch sonst außer in 1Kor 12–14 keine Lehre darüber.

Die Gabe gibt es, aber sie ist kein Muss, weder für den Einzelnen noch für eine Gemeinde.

Paulus stellt in 1Kor 14 klare Regeln für ihren Gebrauch auf.

Die wichtigste Frage für die Auslegung und das Verständnis überhaupt ist, ob Glossolalie Sprachen- oder Zungenrede ist oder beides sein kann.

Wenn Glossolalie an allen biblischen Belegstellen grundsätzlich Sprachenrede ist, dann gibt es keinen biblischen Beleg für die Zungenrede, wie sie vor allem in Pfingstkirchen und der charismatischen Bewegung verstanden und geübt wird. Allerdings schließt dies die Gabe nicht grundsätzlich aus, da die Gaben, die Gott gibt, nicht ausschließlich deckungsgleich mit den in der Bibel erwähnten sein müssen. Aber eine biblisch begründete Einforderung der Zungenrede wäre hinfällig, ebenso die Lehre, dass sich mit der Gabe des Heiligen Geistes die Zungenrede verbinden müsse.

Die Begründung für die Annahme, dass es sich auch in 1Kor 12–14 um »Sprachenrede« handelt, ist die Überlegung, dass in der Hafenstadt Korinth Menschen aus vielen Nationen lebten.[60] Die Umgangssprache war Griechisch. Aber gerade im Gottesdienst und vor allem beim Gebet konnte man damit rechnen, dass Menschen in ihrer Heimatsprache redeten, erst recht, wenn sie die griechische Sprache (noch) nicht beherrschten. Paulus gibt nun als Regel vor, dass man in der Heimatsprache beten und reden kann, wenn es dann auch übersetzt wird. Ansonsten kann man in der Muttersprache natürlich zu Hause beten.

Diese Erklärung ist nicht grundsätzlich von der Hand zu weisen, zumal die Erklärung als »Sprachenrede« eine lange Tradition in der Auslegungsgeschichte der Kirche hat.

Allerdings bleiben auch Fragen offen. So z.B., warum der Glossolalie, die übersetzt werden muss, die prophetische Rede gegenübergestellt wird, die offensichtlich in verständlicher Sprache geschieht? Ist bei Glossolalie nur an das Gebet gedacht, das verständlicherweise eher in der Muttersprache geschieht, und prophetische Rede geschieht genauso selbstverständlich in der allgemein verständlichen griechischen Sprache? Aber die als Sprachenrede verstandene Glossolalie beinhaltet an den anderen Stellen in Markus und Apostelgeschichte nicht nur Gebet, sondern vor allem die Predigt.

Die Frage stellt sich auch, warum Glossolalie in der Briefliteratur nur im Korintherbrief vorkommt. Kam sie sonst nicht vor – jedenfalls nicht in allen Gemeinden – oder gab es in anderen Gemeinden keine Probleme damit, sodass Paulus nichts dazu schreiben musste? Ich gehe davon aus, dass Glossolalie nicht in allen Gemeinden vorkam, weder als Sprachenrede, da verschiedene Dialekte kein Problem waren, noch als Zungenrede. Paulus und die anderen Apostel haben sie nicht eingefordert.

Es ist nicht auszuschließen, dass Zungenrede bei den Korinthern schon vor ihrer Bekehrung vorkam im Kontext heidnischer Religiosität. Offensichtlich stand man stark emotionalen

---

60 So Schottroff, S. 266-270.

und spontanen Formen der Frömmigkeit grundsätzlich sehr offen gegenüber (vgl. 1Kor 12,2). Paulus würde dann an schon Bestehendes anknüpfen und verwirft das Phänomen nicht grundsätzlich. Aber was klar sein muss, ist die inhaltliche Bestimmung vom Glauben her und ein ordentlicher Umgang damit.

Ein Unterschied zwischen 1Kor 12–14 und den anderen Stellen ist die Auslegung bzw. Übersetzung. Diese wird an keiner anderen Stelle gefordert.

Somit zeigt sich, dass es sich um unterschiedliche Situationen handelt. Die Stellen in Markus und Apostelgeschichte gehen von einem Reden in verschiedenen menschlichen Sprachen aus, sodass die verschiedenen vertretenen Nationalitäten das Gesprochene verstehen können. Zu denken ist nach Mk und Apg 2 vor allem an die Verkündigung in der Missionssituation.

1Kor 12–14 beschreitet den umgekehrten Weg für den Gottesdienst der Gemeinde in Korinth. Glossolalie ist möglich, aber sie muss in die eine griechische Umgangssprache übersetzt werden, damit ihr Inhalt für alle verständlich ist.

Das wichtigste Kriterium ist die verständliche Predigt des Evangeliums. Dieses Kriterium zieht sich als roter Faden durch die ganze Ausführung von Paulus in 1Kor 14. An diesem Kriterium muss sich alles messen lassen. Der Glaube kommt aus dem, was der Mensch hört und versteht (Röm 10,17). Im Zusammenhang mit der verständlichen Predigt des Evangeliums wirkt der Heilige Geist das Entscheidende: den Glauben an Jesus Christus.

KAPITEL 9:

Das Charisma der Heilung

1. Gesundheit und Krankheit im Alten Testament

Krankheit ist nach dem biblischen Bericht eine der Folgen des Sündenfalls. Die ursprünglich sehr gute Schöpfung ist nicht mehr sehr gut. 1Mo 3,14-20 beschreibt eine neue Wirklichkeit des Lebens nach dem Sündenfall. Für sie ist die Spannung von Segen – Fluch; Leben – Tod; Schmerzen/Mühsal – Erfolg kennzeichnend. Dazu gehört auch die Spannung von Gesundheit und Krankheit, auch wenn diese in 1Mo 3,14-20 nicht explizit genannt ist.

Krankheit hängt zusammen mit dem Tod. Sie ist ein Zeichen der Vergänglichkeit des Leibes. Leben ist Leben zum Tode.

Wichtig ist, dass jeder Mensch grundsätzlich der in 1Mo 3,14-20 geschilderten Wirklichkeit unterliegt. Wie sie den Einzelnen konkret trifft, ist individuell verschieden.

Zwei Beispiele aus dem Alten Testament
- Das Lebensende von Elia und Elisa, beide Propheten, war höchst unterschiedlich. Während Gott Elia die Himmelfahrt gewährt (2Kön 2), heißt es von seinem Nachfolger Elisa: »Als aber Elisa an der Krankheit erkrankte, an der er sterben sollte ...« (2Kön 13,14). Elisa hat anderen geholfen. Viele Wunder sind von ihm berichtet bis hin zur Totenerweckung. Das unterschiedliche Lebensende dieser beiden Propheten ist geradezu typisch für die individuellen Führungen im Blick auf Gesundheit und Krankheit.
- König Hiskia wird todkrank (2Kön 20,1). Die Begründung durch eine Sünde findet sich nicht, im Gegenteil. Hiskia wird als König in seinem Verhältnis zu Gott positiv dargestellt. Der

Krankheit voraus gehen Hiskias Gebet und die Befreiung Jerusalems. Nach der Erkrankung betet Hiskia um Gesundheit und wird gesund. Dies bewahrt ihn jedoch nicht vor einer späteren Torheit (2Kön 20,12-19).

Krankheit war der Hintergrund mancher Klagelieder. Dies macht deutlich, dass Krankheit nicht einfach hingenommen wurde. Krankheit mit evtl. Todesfolge war Unheil. Bei den Toten lobt man Gott nicht. Gott ist der Gott des Lebens. Krankheit und Tod stehen letztlich dagegen. Oft ist es gerade die Klage des Frommen, der darunter leidet, dass es dem Gottlosen gut geht und dem Frommen nicht (vgl. Ps 73; Jer 12,1).

Es gibt Beispiele von Heilung und Beispiele, wo Gott offensichtlich nicht heilt.

Der Zusammenhang von Sünde und Krankheit wird oft und bis heute hergestellt. Beispiele zeigen, dass individuelle Schuld nicht grundsätzlich der Grund für individuelle Krankheit sein muss (Hiob, Elisa). Der Sündenfall ist ganz grundsätzlich der Grund für jede Krankheit. Aber individuell ist Krankheit nicht grundsätzlich mit individueller Schuld verrechenbar.

Die Erlösung schließt auch die Erlösung von der Krankheit ein, siehe Jes 53,4-6; 25,8.

2. Das Wirken von Jesus und der Heilungsauftrag an die Jünger

Zunächst ein paar grundsätzliche Beobachtungen:
Individuelle Krankheit ausschließlich als Folge von individueller Sünde zu sehen, lehnt Jesus ab (Joh 9,2-3). Mehrmals macht Jesus deutlich, dass das Heil wichtiger ist als Heilung (Mk 2,1-12; Mt 5,29-30). Außerdem kann es Heilung ohne Heil geben (Lk 17,17; vgl. übertragen Lk 12,20-21).

Jesus hat sehr viele Kranke geheilt.

Mt 4,23-25 fasst die Tätigkeit von Jesus unter zwei Schwerpunkten zusammen: Jesus lehrte bzw. predigte und er heilte umfassend.

Eine ganz entscheidende Frage ist: Sind die zahlreichen Heilungen durch Jesus Vorzeichen des künftigen Reiches oder ist in der Gemeinde Jesu das Reich Gottes schon gegenwärtig und müssten deshalb wie bei Jesus zahlreiche Heilungen geschehen? Von der Antwort auf diese Frage hängt in der Lehre zum Thema Heilung vieles ab.

Auf die summarische Zusammenfassung der Tätigkeit Jesu in Mt 4,23-25 folgt unmittelbar ein Beispiel der Lehre Jesu: die Bergpredigt (Mt 5-7). Sie enthält allerdings keine Ausführungen, keine Lehre über das Thema Heilung.

Dann folgen Heilungs- bzw. Wunderberichte (Mt 8-9). Mt 9 endet mit der Feststellung, dass es Jesus beim Anblick des Volkes jammert und er feststellt, dass es zu wenige Arbeiter gibt (Mt 9,36-38). Das zum Ausdruck kommende Erbarmen Jesu dürfte sich nach dem Kontext auf den Gesamtzustand mangelnder Lehre und Heilung beziehen. Daraufhin erfolgt in Mt 10 die Aussendung der zwölf Jünger und damit die Einsetzung von Arbeitern.

Wenden wir uns dem Verkündigungs- und Heilungsauftrag an die Jünger im Rahmen der Aussendungsrede in Mt 10 zu.

Vers 1: Jesus gibt seinen Jüngern die Macht über unreine Geister und Krankheiten.

Verse 7-8: Jesus verbindet den Auftrag zur Verkündigung mit dem Auftrag der Heilung. Damit entspricht das Tun der Jünger dem Tun Jesu.

Einige Beobachtungen zum Heilungsauftrag der Jünger:

Es wird keine nähere Unterweisung ausgeführt. Diese fehlt – außer in Jak 5 – komplett im Neuen Testament. Jesus sendet die Jünger und gibt ihnen Vollmacht zu heilen und sie können heilen.

Bei der Rückkehr der siebzig Jünger (Lukas überliefert zwei Sendungsberichte) berichten sie voller Freude von ihren Erfolgen, insbesondere über ihre Macht über die bösen Geister (Lk

10,17). Jesus reagiert darauf mit den Worten: »Darüber freut euch nicht, dass euch die Geister untertan sind. Freut euch aber, dass eure Namen im Himmel geschrieben sind« (Lk 10,20). Das Heil ist auch bei den Jüngern wichtiger als das Charisma der Heilung! Man kann ohne Charisma in den Himmel kommen und mit Charisma verloren gehen (vgl. Mt 7,21-23).

Die entscheidende Frage in diesem Zusammenhang lautet: Galt dieser Auftrag an die Jünger punktuell oder ab der Aussendungsrede grundsätzlich? Und gilt er in derselben umfassenden Weise auch für die Gemeinde Jesu?

Dazu folgende Überlegungen:

Die Evangelien schildern außerhalb dieser Aussendungen der Jünger keine generellen Heilungen durch die Jünger.

In Mk 16,15-18 spricht Jesus bei der Sendung der Jünger von Zeichen, die ihnen nachfolgen werden. Allerdings gibt es keine Aussage über die Quantität dieser Zeichen. Auch die Aussage über die Kranken ist sehr offen formuliert.

In Mt 28,18-20 fehlt ein Heilungsauftrag. Ist er in der Wendung »Lehret sie halten alles, was ich euch befohlen habe« mit impliziert? Dies ist vom Begriff »lehren« her sehr fraglich, da es keine ausgeführte Heilungslehre Jesu gibt.

Neben der Möglichkeit der wundersamen Heilung deutet sich bei Jesus noch eine andere Linie an:

Lk 10,25-37: Im Gleichnis vom barmherzigen Samariter organisiert dieser die Pflege des Verletzten. Ein Heilungswunder wird nicht berichtet.

Mt 25,36: Jesus spricht davon, dass Kranke besucht werden. Von Heilungen ist nicht ausdrücklich die Rede.

Ein Blick in die Apostelgeschichte:

Es geschehen Heilungswunder durch die Apostel (z.B. Apg 3,1-9; 5,12-16; 8,6-7), aber nicht in der Fülle und Dichte wie bei Jesus. In der Apostelgeschichte bewahrheitet sich Mk 16,15-18; dabei geht es um Zeichen, nicht um Quantität.

3. Thema »Heilung« in der Briefliteratur

In der gesamten Briefliteratur des Neuen Testaments tritt das Thema Heilung stark zurück. Dies gilt für Petrus und Johannes, die doch Jesu Heilungen erlebt und selbst geheilt haben. Erst recht gilt es für das umfangreiche Werk des Paulus.

Im Grunde finden sich nur zwei Stellen:
die Auflistung des Charismas der Heilung in 1Kor 12,9.28.30;
die Anweisung des Jakobus zu Gebet und Salbung bei Kranken (Jak 5,13-16).
In 1Kor 12 fehlt jede Präzisierung im Blick auf das Charisma. D.h., wir haben an keiner Stelle im Neuen Testament außer in Jak 5 eine ausgeformte Lehre über Heilung und eine praktische Anleitung dazu.

Wir beobachten im Umfeld des Paulus manche Krankheitsnöte, wo im Kontext von keiner Heilung oder einem Heilungsauftrag die Rede ist. Dies betrifft zunächst Paulus selbst (2Kor 12,7-9; Gal 4,13-15), aber auch seine Mitarbeiter Timotheus (1Tim 5,23) und Trophimus (2Tim 4,20). Überhaupt thematisiert Paulus seine Schwachheit im 2Kor gegenüber der Gemeinde in Korinth, die von einem Apostel Stärke forderte.

4. Folgerungen

1. Die Zeit und das Wirken Jesu waren eine besondere Zeit auch der Heilungen, weil Jesus zeichenhaft das Reich Gottes umfassend durch Predigten und Heilungen demonstrierte.
2. Die Jünger hatten in den Aussendungsaufträgen Anteil an diesem Auftrag Jesu.
3. In der Folgezeit geschehen Heilungswunder nicht in derselben umfassenden Weise.
4. Heilungen sind aber nach wie vor möglich, aber sie sind kein »Muss«.

5. Praktische Konsequenzen

1. Zunächst stellt sich eine ganz grundsätzliche geistliche Frage: Trauen wir Gott heute Heilungen zu, weil er die Macht dazu hat?
2. Wir müssen die Spannung aushalten: Gott kann – Gott muss aber nicht.
3. Wenn niemand in der Gemeinde das Charisma der Heilung hat, kann in jedem Fall nach Jak 5,13-16 verfahren werden.

Die zwei Stellen in der Briefliteratur (1Kor 12 und Jak 5) weisen auf zwei unterschiedliche Modelle im Hinblick auf Heilung hin. In 1Kor 12 geht es um das Charisma bei Gemeindegliedern unabhängig von einem bestimmten Amt in der Gemeinde. Nach Jakobus sollen die Ältesten (Gemeindeleitung) gerufen werden, unabhängig von deren Charisma.

4. Grundsätzlich gilt: Gott heilt und nicht der Mensch. Deshalb gibt es grundsätzlich keine Erfolgsgarantie und deshalb gibt es im Neuen Testament zwei unterschiedliche Modelle im Blick auf Heilung.

6. Grundsätzliche Fragen und Überlegungen

Eine ganz wichtige heilsgeschichtliche Frage und theologische Grundentscheidung: Gilt die Spannung für eine Welt nach dem Sündenfall, wie sie in 1Mo 3,14-19 zum Ausdruck kommt, auch nach Jesus weiter? Nach meiner Erkenntnis: Ja! Und ich sehe keinen Grund, warum dies gerade für Krankheit nicht gelten sollte. Ich sehe auch keinen Hinweis, dass diese Spannung nur noch den Ungläubigen vorbehalten sein soll.

Jesus löst mit seinem ersten Kommen die Folgen von 1Mo 3 nicht grundsätzlich auf. In der Welt der Sünde wirkt er das Entscheidende zum Heil, in ihr stirbt er und ersteht aus dem Grab. In ihr ist es möglich, dass Menschen zum Glauben an Jesus kommen und Gemeinde gebaut wird. So ist auch Gal 3,28 zu verstehen: »Hier ist nicht Jude noch Grieche, hier ist nicht Sklave noch Freier, hier ist nicht Mann noch Frau; denn ihr seid allesamt einer in Christus Jesus.« Es geht nicht um die Auflösung der Schöpfungsordnung, sondern um die Frage des Heils. Im Hinblick auf das Heil gibt es keine Unterschiede mehr. Im Sinne von Gal 3,28 können Gesunde und Kranke, Geheilte und Nichtgeheilte Anteil am Heil haben.

Wie ist das Wirken von Jesus im Blick auf Heilungen grundsätzlich zu verstehen?
Biblisch bezeugt sind drei große Wunderzeiten: Mose; Elia/Elisa; Jesus/Apostel. Im Hinblick auf Heilungen sind nicht alle biblischen Zeiten gleich. Wir haben oben schon die Frage aufgeworfen, ob sich das Handeln Jesu in der Zeit der Kirche in derselben Weise fortsetzt oder ob die vielen Wunder und Heilungen Zeichen der Messianität Jesu sind, die sich in dieser Weise erst im messianischen Friedensreich bzw. in der Vollendung wiederholen und endgültig erfüllen werden. Im Blick auf den biblischen Gesamtbefund gehe ich von der Besonderheit der Zeit Jesu als messianischer Zeit aus. Auch in der Zeit der Kirche sind Wunder möglich und geschehen. Aber ein umfassender Automatismus von Heilungen ist nicht verheißen und nicht zu erwarten.

Wenden wir uns abschließend 1Kor 12,9.28.30 zu. An allen Stellen steht ein doppelter Plural, »Gaben der Heilungen«. Was könnte damit gemeint sein? Eine erste Möglichkeit wäre, dass jemand die Gabe der Heilung öfters zum Einsatz bringen kann. Allerdings könnte dann Gabe auch in der Einzahl stehen. Eine zweite Möglichkeit wäre, dass mehrere Personen die Gabe der Heilung haben können. Allerdings heißt es »einem anderen (Einzahl) die Gaben der Heilungen«.
Es könnte aber auch an eine Bandbreite der Möglichkeiten zur Heilung gedacht sein. Auf der einen Seite das Wunder, auf der anderen Seite die medizinischen und pflegerischen Möglichkeiten. Und nicht zuletzt ist auch an die seelsorgerliche Dimension zu denken. Diese Weite ist auch neutestamentlich greifbar. Paulus empfiehlt dem Timotheus, auch Wein für seinen angeschlagenen

Magen und seine häufige Schwachheit[61] zu trinken (1Tim 5,23). Im Gleichnis vom barmherzigen Samariter werden die Wunden mit Öl und Wein gepflegt (Lk 10,34-35). Die Verwendung von Öl bei der Krankensalbung (Jak 5,14) dürfte in neutestamentlicher Zeit wie im Gleichnis vom barmherzigen Samariter auch medizinische Bedeutung gehabt haben.

Ist die letzte Deutung des Plurals zutreffend, dann wäre eine Engführung auf ein Verständnis der Heilungsgabe ausschließlich als Heilungswunder nicht zutreffend. Die Weite ist im Blick zu behalten und darf ausgeschöpft werden.

---

61 Das verwendete griechische Wort kann »Schwachheit« oder »Krankheit« bedeuten.

Literatur

Albertz, Rainer/Westermann, Claus, »ruach (Geist)«, in: THAT II, S. 727-728, ¹1976.

Betz, Otto, »Prophet im NT«, in: Das Große Bibellexikon Band 3, S. 1238-1240, 1989.

Friedrich, Gerhard, »Prophet«, in: ThWNT VI, S. 829-863, 1959.

Fruchtenbaum, Arnold G., Handbuch der biblischen Prophetie, 1993.

Hahn, Ferdinand/Klein, Hans, Die frühchristliche Prophetie. Ihre Voraussetzungen, ihre Anfänge und ihre Entwicklung bis zum Montanismus, 2011.

Klaiber, Walter, Der erste Korintherbrief, 2011.

Münchener Neues Testament.

Schmid, Hartmut, »Prophetie im AT«, in: Das Große Bibellexikon Band 4, S. 1903-1914, 1996.

Schmid, Hartmut, »Der Anspruch des Wortes Gottes. Zum Wesen des Prophetischen im Alten Testament«, in: Klement, Herbert H. (Hg.), Theologische Wahrheit und Postmoderne, S. 173-187, 2000.

Schnabel, Eckhard J., Der erste Brief des Paulus an die Korinther, ²2010.

Schottroff, Luise, Der erste Brief an die Gemeinde in Korinth, 2013.

Wolff, Hans Walter, Anthropologie des Alten Testaments, ³1977.

FASZINATION BIBEL

Das Buch der Bücher lieben lernen

Jährlich ein hochwertiges, monothematisches Sonderheft

Jetzt die faszinierende Wirklichkeit von Gottes Wort neu entdecken!

- **Faszinierendes Wissen**
  Von archäologischen Entdeckungen bis zum jüdischen Alltag oder der Lebenswelt der ersten Gemeinden.

- **Persönliche Erfahrungen**
  Die lebendige Wirklichkeit von Gottes Wort verstehen lernen durch persönliche Berichte und erlebte Wahrheit.

- **Wege in die Bibel**
  Einen eigenen Zugang finden in die Welt der Bibel und ihre Relevanz für heute neu verstehen und anwenden mit Gott zu leben.

Ein Abonnement (5 Ausgaben im Jahr) erhalten Sie in Ihrer Buchhandlung oder unter:

www.bundes-verlag.net

Deutschland:
Tel.: 02302 93093-910
Fax: 02302 93093-689

Schweiz:
Tel.: 043 288 80-10
Fax: 043 288 80-11

www.faszination-bibel.net